하버드 백조

하버드 백조

발행일	2024년 6월 27일			
지은이	박성모			
펴낸이	손형국			
펴낸곳	(주)북랩			
편집인	선일영	편집	김은수, 배진용, 김현아, 김다빈, 김부경
디자인	이현수, 김민하, 임진형, 안유경, 한수희	제작	박기성, 구성우, 이창영, 배상진
마케팅	김회란, 박진관			
출판등록	2004. 12. 1(제2012-000051호)			
주소	서울특별시 금천구 가산디지털 1로 168, 우림라이온스밸리 B동 B113~115호, C동 B101호			
홈페이지	www.book.co.kr			
전화번호	(02)2026-5777	팩스	(02)3159-9637	
ISBN	979-11-7224-183-4 03190 (종이책)		979-11-7224-184-1 05190 (전자책)	

(주)북랩 성공출판의 파트너

북랩 홈페이지와 패밀리 사이트에서 다양한 출판 솔루션을 만나 보세요!

홈페이지 book.co.kr   •   **블로그** blog.naver.com/essaybook   •   **출판문의** book@book.co.kr

작가 연락처 문의 ▸ ask.book.co.kr

작가 연락처는 개인정보이므로 북랩에서 알려드릴 수 없습니다.

부모와 자녀가 함께 성장하는 자녀 교육 비법

하버드 백조

박성모 지음

북랩

들어가는 말

하버드대학교 로스쿨에 다니는 아들의 졸업식에 갔다 온 지 9년이라는 시간이 흘렀다. 지금 다시 생각해 보면 기적 같은 일이 일어난 것 같다. 보스턴에서의 짧은 여행이지만 다른 졸업식과는 달리 새로운 경험이었다. 잘못하면 자식 자랑 같은 이야기로 들려서 조금은 조심스럽게 접근을 한다. 살아온 이야기 또 다른 이야기보다는 하버드대학교를 가려는 사람들에게는 작은 용기가 될 것이라는 생각을 해본다. 60을 넘기고 자신의 경험을 소중한 글로 남기는 또 다른 용기가 필요한 것 같다. 몇 년 전에 출판을 하려고 서투른 글솜씨로 출판사를 두드렸던 생각이 머릿속을 교차해 간다. 어느덧 '시간'이란 단어는 낯선 풍경보다는 또 다른 도전을 암시하고 있다. 새로운 경험이고, 세상에 모든 부모는 자녀가 성공하기를 바라는 마음은 누구나 같을 것이다. 이 문제에 대한 답은 없다. 많은 사람들이 왜 이 문제에 열광을 하는가? 특히 우리나라는 더한 것 같다. 지난날을 뒤돌아보면서 무엇을 위해서 고민을 했는지 자신에게 물음을 던지고자 한다. 이러한 경험을 이 책을 통하여 세상과 나누고자 한다. 아버지의 눈에서 아이들과 눈높이를 맞추려고 한다. 아이들이 무엇을 좋아하고 무엇을 원하는지, 그 끊임없는 물음 속의 여행을 하고자 한다. 스위스를 여행하면서 열 명 이상이 열차에 올랐다. 꽤 많은 시간을 열차의 공간에서 보냈다. 알아듣지는 못했지만, 그중 한 명이 진지한 표정을 하며 독일어로 나에게 호감을 표현했다. 한 명이 적극적인 표현을 하니 이내 여러 명이 나에게 친숙함을 표현하였다. 아마도 표정에서 진지함이 보여서 그랬던 것 아닌가 한다. 아직도 그 어린아이의 진솔한 표정과 헤어질 때 아쉬움을 잊지 못하고 있다. 인간의 동기 심리의 책에 의하여 동기 심리학자들은 인간의 행동을 활성화시키는 요소, 인간의 행동 방향을 설정하거나 또는 일정한 목표를 지향하도록 하는 통로화 요소, 인간의 행동을 유지시키거나 또는 지속시키는 요소로 구분을 하고 있다. 내가 이 책을 쓰는 이유는 다음과 같다. 세상에는 자녀 교육에 관한 책이 많이 있다. 심리학자에서 자녀를 사회의 잣대로 몰아붙여 성공한 부모의 이야기, 어머니의 이야기, 선생님의 이야기들이 있다. 아이들의 동기 부여를 위한 공감대를 나누고자 한다. 부모는 자식의 거울이라고 하지 않았는가? 거울 속에 비치는 자신의 모습이 과거라면 자식은 자신의 미래인 것이다. 미래는 현재를 살아가는 이유이며, 살아가는 힘이기도 한다. 마치 미래의 존재에 대한 강력한 동기인 것이다. 현재의 아버지와 자식들이 함께 행복한 미래를 여는 데 작은 도움이 되었으면 하는 심정으로 책을 연다.

목차

3장

4장

5장

6장

7장

8장

9장

10장

11장

12장

13장

1장

1. 실리콘밸리에서 찾은 꿈

　서른을 전후한 사람들은 가정을 통해 자신의 현실과 미래의 세상을 가정이라는 굴레 속에서 살아간다. 현실과 미래의 가상 세계를 동시에 경험하면서 어떻게 살아야 할지 한 번쯤은 고민해 봐야 한다. 아버지가 꿈꾸는 세상을 먼저 봐야 자식들의 세상이 보인다고 생각한다. 이 책은 이러한 고민과 경험을 통해 자녀와 함께 성장하고자 하는 부모들을 위한 이야기이다.

　나는 회사를 통해 실리콘밸리에서 파견 근무를 시작하며 처음으로 미국을 경험하게 되었다. 1990년의 실리콘밸리는 가슴 벅찬 출장지였다. 로스앤젤레스 공항에 들어서는 순간 성조기가 눈에 들어오고, 낯선 사람들의 말이 귀를 때렸다. 몇 마디의 입국 심사를 마치고 산호세행 비행기에 몸을 실으며 미국 생활이 시작되었다. 공항에는 현지에서 근무하시는 과장님이 마중 나와 계셨고, 오후의 날씨는 한국과는 이국적인 느낌을 주었다. 장기 출장이었기에 숙소를 정하지 못해 현지에서 근무하시는 분의 집에서 하숙을 하기로 했다. 프리몬트는 산호세에서 북서쪽으로 20분 정도 떨어진 부유한 동네처럼 보였다. 차고와 잔디가 있는 고급 주택에서 2층을 사용하며 생활을 시작했다.

　나를 맞아 주신 분은 고등학교를 한국에서 졸업하고 미국에서 대학을 나와 이민 생활을 시작한 1.5세대였다. 그는 UC 버클리에서 컴퓨터공학을 전공하고, 산호세에서 386 칩셋을 설계하는 공학자였다. UC 버클리는 미국 최고의 공립대학 중 하나로, 많은 노벨상 수상자를 배출한 명문 대학이다. 가을에 방문한 캠퍼스는 한국 대학의 조용함과 비슷하게 느껴졌지만, 어떻게 이 작은 캠퍼스에서 많은 노벨상 수상자를 배출하고 명문 대학으로 우뚝 설 수 있었는지 궁금했다. 졸업생들은 사회에서 우리가 다른 회사의 칩을 리버스 엔지니어링 기법으로 설계할 때, 그들은 Top-down 방식으로 설계를 하고 있었다. 이 경험을 통해 평범한 한국 고등학생이 미국 대학을 거치면서 삶이 달라질 수 있다는 것을 깨달았다.

사람은 좋은 환경에서 성장하면 그 환경에서 발전하게 된다. 그때부터 우리 아이들에게 어떤 환경을 제공할 수 있을지 고민하기 시작했다. 아이들이 성장하면서 좋은 대학의 환경을 제공하고 더 넓은 세상을 꿈꾸게 할 수 있을까 하는 고민은 계속되었다. 미국에서의 경험은 아이들에게 무엇인가를 알려 줄 수 있는 소중한 시간이었다. 미국 가정에서의 교육 방법과 직장에서의 경험은 가정의 소중함을 함께 느끼게 해 주었다. 이 모든 경험은 나에게 값진 인생의 도움이 되었다.

실리콘밸리에서의 생활은 나에게 많은 것을 가르쳐 주었다. 한국에서의 생활과는 다른 점이 많았다. 사람들의 사고방식, 일하는 방식 그리고 교육 방식 모두가 새로웠다. 미국에서는 개인의 창의성과 자율성을 중시하는 분위기가 강했다. 이러한 환경에서 자란 아이들은 자신이 원하는 것을 스스로 찾고, 자신의 길을 개척해 나가는 능력을 키울 수 있었다. 나는 이러한 점이 매우 인상적이었고, 우리 아이들에게도 이러한 환경을 제공하고 싶다는 생각을 하게 되었다.

미국에서의 생활을 통해 나는 아이들에게 꿈을 꿀 수 있는 환경을 제공하는 것이 얼마나 중요한지 깨달았다. 아이들은 부모가 제공하는 환경에서 성장한다. 좋은 환경에서 자란 아이들은 더 넓은 세상을 꿈꾸고, 더 큰 목표를 향해 나아갈 수 있다. 나는 우리 아이들에게도 이러한 환경을 제공하고 싶었다. 그들이 더 넓은 세상을 꿈꾸고, 자신이 원하는 것을 찾아 나갈 수 있도록 도와주고 싶었다.

아이들에게 더 나은 환경을 제공하기 위해 노력하게 되었다. 그들이 더 넓은 세상을 보고, 더 큰 꿈을 꾸며, 자신이 원하는 것을 찾아 나갈 수 있도록 돕고 싶었다. 나는 이 책을 통해 이러한 경험을 나누고, 다른 부모들에게도 도움이 되고자 한다. 자녀 교육은 부모의 역할 중 가장 중요한 부분이다. 부모가 자녀에게 좋은 환경을 제공하고, 그들이 꿈을 꿀 수 있도록 도와주는 것은 매우 중요한 일이다.

나는 이 책을 통해 자녀와 함께 성장하고자 하는 부모들에게 작은 도움이 되고자 한다. 자녀 교육에 대한 고민과 경험을 나누며, 자녀와 함께 더 나은 미래를 향해 나아갈 수 있기를 바란다. 부모가 자녀에게 좋은 환경을 제공하고, 그들이 꿈을 꿀 수 있도록 도와주는 것이야말로 가장 중요한 일이다. 이 책이 자녀 교육에 대한 고민을 함께 나누고, 더 나은 미래를 향해 나아가는 데 작은 도움이 되기를 바란다.

이 책을 읽는 부모님들께, 자녀와 함께 더 나은 미래를 꿈꾸고, 함께 성장하는 데 작은 도움이 되기를 바란다. 자녀의 성공을 위해 부모가 할 수 있는 최고의 일은 그들의 눈높이에 맞추어 함께 성장하는 것이다. 이 책이 그러한 여정에 작은 길잡이가 되기를 희망한다. 부모와 자녀가 함께 행복한 미래를 여는 데 필요한 공감과 이해를 나누는 데 도움이 되기를 바란다.

2. 실리콘밸리에서 배운 자녀 교육의 비밀

미국 생활이 익숙해질 무렵, 내가 머물던 집의 아버지는 아들과 함께 컴퓨터 게임을 즐기는 모습을 자주 보았다. 당시 컴퓨터가 잘 보급되지 않았던 시절이었기 때문에, 게임은 아버지와 아들 간의 중요한 소통 수단이었다. 하루는 식사 시간에 게임의 부작용에 대해 물어보았다. 그집의 아버지는 게임이 머리를 개발하고 생각하게 하며, 지능을 발달시키는 좋은 도구라고 답했다. 또한 아이들과 친해질 수 있는 훌륭한 소통 도구라고 덧붙였다. 게임의 부정적인 면보다는 긍정적인 면이 많다는 것을 알게 되었다. 컴퓨터가 잘 보급되지 않았던 그 시절, 귀국 후에 나는 아이들과 소통하고 그들의 사고를 키우기 위해 게임을 적극 활용하기로 마음먹었다. 컴퓨터 게임은 많은 아이들의 크리스마스 소원 목록에서 인기 있는 항목이 되었지만, 일부 부모들은 게임이 시간 낭비이며 폭력을 조장한다고 우려했다. 그러나 게임 관련 전문가인 호주 에디스 코완 대학교의 마크 맥마흔 부교수의 연구에 따르면 게임은 참가자들에게 다양한 사회적 및 교육적 편익을 제공한다. 핵심은 게임이 연령 제한 및 게임 콘텐츠 측면에서 적절하도록 보장하는 것이다.

마크 맥마흔 교수는 "게임은 반사회적이고 시간 낭비라는 인식과 달리, 실제로 어린이들에게 사회적 기술을 개발하도록 도울 수 있다"고 말했다.

"친구들이 함께 컴퓨터 게임을 즐길 때 게임 참가자들은 사회적 편익을 얻고 있으며, 종종 전략을 세우고 복잡한 작업을 관리하며 팀을 구성하고 관리한다."

그는 게임이 정신적 자극을 제공하고, 마음을 느긋하게 하며, 교육적이라는 점을 강조했다.

디지털 호주 보고서에 따르면, 응답자의 91%는 게임이 정신적 자극을 제공한다고 답했다. 약 85%는 게임이 스트레스를 줄여 준다고 했고, 83%는 게임이 교육적이라고 말했다. 이러한 관점은 젊은이들만의 것이 아니다. 게임 참가자의 76%는 18세 이상이라고 한다. 마크 맥마흔 교수는 "사람들이 게임을 하면서 글을 쓰고, 이미지를 만들고, 의사소통하고, 정보를 찾는 등 다양한 활동을 한다. 게임은 이러한 활동 가운데 하나이며, 구조 자체가 복잡하다. 젊은이들이 게임을 즐기는 이유는 현실 도피가 아닌 사회적 상호 작용 때문이다."라고 설명했다.

또한, "닌텐도 위 U와 같은 게임은 손과 눈의 협응 능력을 기르는 데 도움이 되며, 가족을 대상으로 한 콘텐츠가 풍부하다. 마리오와 같은 게임은 특히 가족들이 함께 즐길 수 있도록 설계되었다."라고 말했다. 이는 게임이 단순한 오락을 넘어 교육적이고 사회적 상호 작용을 촉진하는 도구로 활용될 수 있음을 보여 준다.

3. 명문가의 자녀 교육과 그 교훈

수많은 선인들이 세상에 자취를 남기고 사라져 갔다. 그들 중 일부는 이름을 기억되지만, 또 다른 일부는 잊혀진다. 우리는 무엇을 위해 사는지에 대한 깊은 물음을 가져야 한다. 노벨상을 탄 사람들, 인류를 위해 봉사하다 삶을 마친 사람들 모두 자신의 미래를 그리며 살아갔다. 스티브 잡스의 아버지는 입양한 부모로, 친부모 이상으로 그를 사랑하였다. 고등학교를 중퇴한 자동차 기술공이었던 그는 늘 따스한 마음으로 아들을 키웠다. 아버지는 아들과 차고에서 많은 시간을 보냈고, 잡스가 훗날 아이폰을 설계할 때에도 보이지 않는 부분까지 섬세하게 마무리하는 데 큰 영향을 주었다.

케네디가는 미국에 이민 온 1세대부터 시작하여 4세대에는 대통령을 배출해 낸 명문가가 되었다. 자녀를 교육시키는 아버지의 가치관은 자녀들에게 일등 의식을 고취시켰다. 이등은 낙오자요, 인생에서 실패한다는 것을 어려서부터 가르쳤다. 확실한 성공을 위해서는 가족이 힘을 모아 하나의 목표로 나아갈 때 이루어진다는 것을 알려 주었다. 존 F. 케네디는 43세에 미국 역사상 최연소이자 최초의 가톨릭교 대통령이 되었다. 그의 취임 연설에서 "국가가 여러분에게 무엇을 해 줄 것인가 묻지 말고 여러분이 국가를 위해 무엇을 할 것인지를 물으라"며 했던 말은 많은 사람들의 마음속에 남아 오늘날까지도 도전 정신의 귀감이 되고 있다.

별 볼일 없는 집안이 명문가로 성장하는 데에는 문화 유전자가 대대로 전승된다는 생각이 강하지만, 천대받던 이민자나 가난한 환전상이 세계에서 인정받는 가문이 되기도 한다. 가난한 아일랜드계 농부 집안에서 미국 대통령이 탄생하며 전 세계의 주목을 받는 케네디 가문이 그 예이다. 그 짧은 기간 동안 가난한 농부 집안에서 대통령이 나올 수 있었던 힘은 오직 일등을 하라는 가르침 덕분이다.

존 F. 케네디 대통령의 할아버지는 미국에서 무시받지 않고 대등하게 명문가 자제들과 공부하기 위해 하버드대학교에 입학해야 한다고 생각했다. 그는 아들에게 최선을 다해 일등을 하라고 요구했고, 아들인 조지프 케네디는 아버지의 바람대로 하버드대학교에 입학했다. 그곳에서 쌓은 인맥은 조지프 케네디가 사업에서 성공하는 데 큰 자산이 되었다. 그는 또한 자신의 아들에게 높은 기준을 정해 놓고 이에 미치지 못할 때에는 엄격하게 대하며 반드시 이기라고 가르쳤다.

후에 케네디 가문의 자녀 교육법이 주목받으며 이러한 가문의 가르침에 관한 분석 기사들이 나왔다. '케네디가의 기적'을 일으킨 것은 일등주의가 아니라, 이기기 위해 최선을 다하는 자세였다. 케네디의 어머니는 "서툴러도 반복해서 최선을 다하면 최고가 될 수 있다"고 말했다. 이러한 가르침은 자신의 한계를 뛰어넘어 최선을 다해 노력한 것이 기적을 일으켰다는 평가를 받았다. 이 책은 명문가의 자녀 교육 방식과 그 교훈을 통해, 자녀 교육에 대한 고민과 방법을 나누고자 한다. 각 가정이 자신만의 가치관과 목표를 세워, 아이들이 자신의 꿈을 이루어 나갈 수 있도록 돕는 데 작은 도움이 되기를 바란다.

4. 자연 속에서 자라난 창의성

　자연과 함께한 시간은 아이들이 창의적인 사고를 키우는 디딤돌이 되었다. 우리 가족은 형수가 5살이 되었을 때, 서산에서 3년의 시간을 보냈다. 아내가 경북에서 충청남도로 발령을 받았을 때, 지금은 폐교가 되어 연수원으로 사용되고 있는 그곳에서의 생활은 처음 가는 길처럼 멀고 낯설었지만, 한적한 시골 동네의 좋은 인심과 넉넉함이 함께하는 곳이었다.

　이웃과 이웃의 집은 멀리 떨어져 있었고, 자연이 주는 혜택을 함께 느끼는 공간이었다. 땅에서 주는 자연의 섭리와 시골의 인심을 공유하며 살아가는 곳이었다. 주말에 대전에서 서산으로 가는 길은 4시간 30분이나 걸렸다. 늘 따스하게 반겨 주던 주인아주머니의 인사가 아직도 가슴에 남아 있다. 우리 아이들은 이곳에서 유치원과 초등학교 1학년을 자연과 함께 보냈다. 후에 형수가 초등학교 1학년 때 인생에 대해 자신에게 질문을 던졌다고 한다. 이는 정해진 학원과 경쟁 속의 유치원 생활이 아니라 자연 속에서 보낸 시간 덕분이라고 생각한다. 자연과의 체험은 아이들의 생각을 깊게 하고 내면의 세계를 풍부하게 만드는 소중한 추억을 간직하게 해 주었다.

　아이들의 창의적 사고는 인간의 기존 사고의 통로에 새로운 통로를 만드는 것이라고 한다. 이 통로의 역할은 부모가 정해 놓은 학원과 교육의 틀에서 벗어나 자연 속에서 자유롭게 경험하는 것에서 비롯된다고 믿는다. 자연에서의 경험은 아이들에게 더 큰 자유도와 창의성을 키워 주는 소중한 자산이 되었다. 서산에서의 생활은 우리 가족에게 많은 것을 가르쳐 주었다. 아이들은 자연 속에서 뛰어놀며 창의적인 사고를 키웠고, 우리는 그들의 성장을 지켜보며 자연의 힘을 다시금 깨달았다. 형수가 초등학교 1학년 때 인생에 대해 자신에게 질문을 던진 것은 바로 이곳에서의 자연과의 교감 덕분이다. 자연은 아이들에게 자유로운 사고와 창의적인 문제 해결 능력을 키워 주는 가장 훌륭한 선생님이었다. 우리 가족이 자연 속에서 보낸 시간과 그로 인해 얻은 교훈을 담고 있다. 부모로서 아이들에게 자연과 함께하는 시간을 제공하는 것이 얼마나 중요한지, 그리고 그것이 아이들의 창의성과 내면의 성장을 어떻게 돕는지를 이야기하고자 한다. 자연은 우리에게 많은 것을 가르쳐 주었고, 그 경험은 우리 아이들의 삶에 큰 영향을 미쳤다.

5. 컴퓨터 게임의 긍정적인 측면과 부정적인 인식

컴퓨터 게임은 현대 사회에서 많은 논란의 주제 중 하나다. 많은 부모들은 게임이 시간 낭비를 초래하고, 어린이들에게 폭력적인 행동을 유발하며, 학업에 방해가 된다고 인식하고 있다. 그러나 최근의 연구들은 게임이 다양한 긍정적인 측면을 갖고 있음을 보여 주고 있다.

호주 이디스 코완 대(Edith Cowan University)의 부교수인 마크 맥마혼(Mark McMahon)은 게임에 대한 연구를 진행하였다. 그의 연구에 따르면 게임은 게임 참가자들에게 다양한 사회적 및 교육적 이점을 제공할 수 있다고 한다. 게임이 연령 제한과 콘텐츠의 적절성을 고려한다면, 어린이들에게 사회적 기술을 개발하는 데 도움이 될 수 있다.

실제로 미국의 몇몇 가정에서는 부모와 아이가 함께 게임을 즐기면서 공감대를 형성하고 효과적인 소통을 할 수 있는 모습을 보인다. 부모가 게임을 이해하고 함께 즐긴다면 게임은 가족 구성원 간의 유대감을 증진시키고, 팀워크와 문제 해결 능력을 향상시킬 수 있다.

또한 게임은 정신적 자극을 제공하고 스트레스를 줄이는 데 도움이 될 수 있다. '디지털 호주' 보고서에 따르면, 응답자의 91%가 게임이 정신적 자극을 제공하고, 약 85%가 게임이 스트레스를 줄이고, 83%가 게임이 교육적이라고 언급했다. 게임을 플레이함으로써 사람들은 사고력을 향상시키고 창의성을 발휘할 수 있다.

그러나 게임의 부정적인 측면도 무시할 수 없다. 과도한 게임 플레이는 신체적 건강을 해치고 사회생활과의 균형을 무너뜨릴 수 있다. 또한 일부 게임은 폭력적인 콘텐츠를 포함하고 있어 어린이의 행동에 부정적인 영향을 미칠 수 있다.

따라서 게임을 적절하게 관리하고 모니터링하는 것이 중요하다. 부모는 어린이들의 게임 선택을 지원하고 적절한 콘텐츠를 선택하는 데 도움을 줄 수 있다. 또한, 게임을 즐기는 시간을 제한하고 다른 활동과의 균형을 유지하는 것이 중요하다.

종합하면, 게임은 다양한 이점과 함께 부정적인 면도 갖고 있다. 적절한 관리와 모니터링을 통해 게임은 어린이들에게 유익한 경험이 될 수 있으며, 가족 간의 유대감을 증진시키고 정신적 자극을 제공할 수 있다.

6. 긍정적 사고의 힘: 부모의 역할과 자녀의 성장

긍정적 사고는 살아가는 데 중요한 힘이다. 살다 보면 뜻대로 되지 않는 일이 많다. 그때마다 포기하거나 부정적인 말투와 행동은 아이들에게 도움이 되지 못한다. 집안의 어려움, 친구와의 관계, 성적이 원하는 만큼 나오지 않았을 때, 어떤 결과에도 긍정적인 피드백이 필요하다. 특히 다른 이웃이나 친구와의 비교를 통한 부모의 언행은 자식들에게 상처를 주곤 한다. 그것은 영원히 씻지 못할 상처가 될 수도 있다.

늘 감사하고, 그리고 사랑이 바탕이 되어 있는 적극적인 행동은 부모의 행동에서 아이들은 배우고, 습득하고, 습관화를 하는 것이다. 긍정심리학의 마틴 셀리그만(미국 펜실베이니아 대학교 심리학부)의 연구를 통한 그의 저서에서는 '긍정심리학, 진정한 행복 만들기'를 통해서 "행복은 마음먹기에 달렸고, 행복해지는 훈련을 통해 증진시킬 수 있다"고 주장해 왔다. 이러한 논리처럼 같은 사건에 대해서도 어떤 마음을 먹는가에 따라서 다음의 결과는 얼마든지 달라질 수 있는 것이다.

어린 시절의 실패 경험을 통해 그 실패를 긍정의 거울로 바꾸는 과정을 부모가 잘 설명하고, 사례를 통한 많은 경험을 아이들에게 공감을 이끌어 내면 그것은 아이들이 성장 후에 자신의 어린 시절 모습을 통해 발전하는 좋은 계기가 될 것이다. 실패를 두려워하지 않는 습관이야말로 가장 참된 교육일 것이다.

자녀를 키우는 과정에서 긍정적인 사고를 심어 주는 것은 매우 중요하다. 부모의 태도와 행동이 자녀의 인격과 태도 형성에 큰 영향을 미치기 때문이다. 부정적인 상황이나 어려움이 닥쳤을 때도 긍정적으로 대처하고, 그 속에서 성장하는 방법을 알려 줌으로써 자녀가 더욱 강인하고 긍정적인 인간으로 성장할 수 있도록 도와야 한다.

긍정적인 마음가짐은 자녀가 더 나은 삶을 살고, 어려움을 극복하며, 자신의 능력을 개발하는 데 도움이 될 것이다. 부모는 자신의 말과 행동을 통해 항상 긍정적인 모델이 되어야 하며, 자녀들이 실패와 어려움을 마주할 때에도 격려와 지원을 아끼지 말아야 한다. 함께 어려움을 극복하고 긍정적으로 생각하는 습관을 길러 주는 것이 가장 좋은 부모의 역할이다.

2장

1. 성적 향상을 위한
부모의 역할과 습관 형성

　시험에서 좋은 성적을 얻기 위해 중요한 것은 많은 시간을 책상에서 보내는 것이 아니라 공부할 때 집중하는 습관을 기르는 것이다. 이러한 습관은 어릴 적에 확립되어 평생 간다고 볼 수 있다. 오랜 시간을 책상에 앉아 있는 것보다 짧은 시간에 집중하는 것이 중요하다. 공부 시간을 효율적으로 사용하려면 집중력을 높이는 습관을 기르는 것이 필요하다. 예를 들어, 한 시간 동안 50분 공부하고 10분 쉬는 식으로 규칙적인 패턴을 유지하면 집중력을 향상시킬 수 있다.

　또한 책을 읽고 다시 정리하는 습관이 중요하다. 읽은 내용을 요약하는 과정에서 이해력이 높아지고, 지식을 체계적으로 정리할 수 있게 된다. 이 습관은 단순히 책을 읽는 것에서 나아가 읽은 내용을 글로 정리하는 것을 포함한다. 부모는 이 과정에서 중요한 역할을 할 수 있다. 부모가 자녀와 함께 책을 읽고 그 내용을 말로 표현하는 습관을 기르는 것이 중요하다. 함께 책을 읽으며 대화를 나누고, 아이가 이해한 내용을 설명하도록 격려하면 아이는 자신의 생각을 명확히 표현할 수 있게 된다. 부모는 자녀가 읽은 책을 요약하게 하고, 그 내용을 점검하거나 식사 시간에 자연스럽게 화제로 삼아 대화할 수 있다.

　이를 통해 부모는 같은 주제에 대해 공부하고, 아이의 눈높이에 맞춘 대화 방법을 깨우칠 수 있다. 서두르거나 강요하지 않고 재미와 양 방향의 대화를 통해 공통의 단어를 만들어 가는 것이 중요하다. 시험 성적의 결과보다는 과정의 설명과 이해를 통해 아이를 격려하는 것이 중요하다. 아이가 친구와 비교되지 않고 어제보다 나은 자신의 발전에 대해 칭찬을 받는다면 학습 동기가 크게 향상된다. 부모가 자녀의 학습 과정에 관심을 보이고 있다는 것을 느끼게 하는 것도 중요하다. 아이는 부모를 또 다른 스승이자 친구로 여기며 신뢰감을 가질 수 있다. 삶은 긴 여정이고, 시험은 그 과정에서 작은 이벤트에 불과하다. 시험 결과에 너무 집착하지 않도록 하고 과정을 중시하는 태도를 가르치는 것이 중요하다. 시간에 대한 멘토 역할을 통해 집중하는 습관이 좋은 결과를 가져다준다는 것을 느끼게 해 주는 것이 중요하다. 좋은 성적을 얻기 위해서는 집중력을 키우는 습관을 기르는 것이 중요하다. 부모는 자녀와 함께 책을 읽고 요약하는 과정을 통해 자녀의 학습을 돕고, 긍정적인 학습 환경을 조성할 수 있다. 시험 결과에 집착하기보다 과정에 집중하고, 발전을 칭찬하는 태도를 통해 자녀가 더욱 성장할 수 있도록 도와주어야 한다. 삶의 긴 여정에서 시험은 작은 이벤트에 불과하다는 점을 잊지 말고, 자녀의 학습 과정에 관심을 가지며 지지해 주는 것이 부모의 중요한 역할이다.

2. 하브루타 방식의 질문을 잘하는 방법

유대인의 학습 방식인 하브루타는 공부할 때 질문을 중요시한다. 질문하는 것이 답하는 것보다 더욱 중요하다고 여긴다. 유대인 사회에서는 답을 잘하는 것보다 질문을 잘하는 것이 더 유능한 학생으로 평가된다. 하브루타를 경험한 학생들은 질문을 어떻게 만들어야 할지가 가장 어려운 과제 중 하나였다고 한다. 사실 질문을 만드는 것은 쉽지 않은데 훈련을 통해 가능하다는 것을 깨닫게 된다.

하브루타는 지식을 나누고 함께 공부하는 방식으로, 끊임없는 질문과 답을 통해 학습한다. 이런 방식을 통해 지식이 전달되며 학생들은 서로에게 질문하고 답하면서 배운다. 그러나 우리나라 교육은 주입식 교육에 치중되어 있어 질문 연습을 거의 하지 않는다. 이는 매우 안타까운 현실이다. 질문은 앎에 대한 호기심과 더 많은 정보를 원하는 열망의 표현이다. 그러나 우리 교육 현장에서는 질문이 사라져 가고 있으며, 이는 학생들이 단순히 지식을 받아들이는 데 그치고 있다는 것을 의미한다.

하브루타를 연구하는 사람들은 이러한 문제를 인식하고 해결하기 위해 노력한다. 하브루타는 친구와 함께 서로를 가르치는 방식으로 지식을 나누고 토론하는 과정을 통해 삶과 인격을 함께 나눈다. 이러한 학습 방식은 수천 년 동안 유대인 사회에서 수행되어 온 천재적인 교육법 중 하나이다. 결국 하브루타 학습법은 질문을 만드는 것이 매우 중요하며, 이를 위한 훈련이 필요하다. 질문은 스스로 생각하고 사고하는 훈련이며, 학생들은 서로의 생각을 존중하고 이해하기 위해 노력해야 한다. 이런 문화를 통해 우리나라의 교육 현장도 개선될 수 있을 것이다.

3. 모의 모범과 사랑의 힘

서진규 소장의 강연은 진정성과 열정을 강조하여 사람들에게 용기를 주는데, 이는 그의 성공적인 모습과 함께 그가 아이들에게 롤 모델이 되는 모습을 보여 주기 때문이다. 하버드대학교에서의 졸업은 그의 놀라운 업적 중 하나이지만, 무엇보다 그의 포기하지 않고 도전하는 모습이 아이들에게 큰 영감을 준다.

이러한 강연은 부모의 모범이자 참모습이 될 수 있다. 부모가 자녀에게 열정과 인내심을 보여 주고, 포기하지 않고 꿈을 향해 노력하는 모습은 자녀들에게 큰 영향을 미친다. 또한, 딸과의 소통을 강조하는 이야기는 가정 내에서의 소중한 가치에 대한 감동적인 메시지를 전달한다. 자녀와의 소통은 사랑과 이해에서 시작된다는 것을 깨닫게 되는 순간이기도 하다. 부모가 자녀에게 진정한 관심과 사랑을 보여 주면서 소통하는 모습은 가정 내에서 긍정적인 관계를 형성하고, 자녀들에게 안정감과 자신감을 주는 중요한 역할을 한다. 이러한 삶의 진한 모습은 우리에게 큰 감동과 영감을 준다.

4. 간디의 교육 철학에서 배우다

글과 교육의 관계에 대한 간디의 철학은 깊은 고찰과 도전을 제시한다. 간디는 글을 배우는 것이 우리에게 도움이 될 수도, 해가 될 수도 있다고 말했다. 이는 글을 안다는 것이 우리의 삶과 행동에 어떤 영향을 미치는지에 대한 깊은 의문을 품은 것이다. 그는 지적인 지식뿐만 아니라 몸과 마음의 발달, 영혼의 깨달음이 교육의 본질이라고 주장했다. 따라서 교육은 단순히 글을 배우는 것뿐만 아니라 올바른 사고와 행동, 마음가짐을 키우는 것으로 이루어져야 한다고 강조했다.

교육의 시작부터 책을 사용하는 것에 대해 간디는 의문을 제기했다. 그는 초등 교육의 초기에는 책 없이 교육이 이루어져야 하며, 책을 사용하는 것은 최소화되어야 한다고 주장했다. 이러한 접근법은 아이들이 태어나자마자 자연스럽게 배우는 과정을 존중하고, 다양한 감각과 능력을 발전시키는 데에 중점을 두는 것이다. 간디는 이야기를 통한 교육 방식이 어린이가 다양한 지식을 습득하고 사고력을 향상시키는 데에 효과적이라고 주장했다. 이러한 방식은 어린이의 호기심과 창의력을 자극하며, 적극적인 학습 태도를 유도했다.

간디의 교육 철학은 우리가 단순히 글을 배우는 것에 그치지 않고, 온전한 인간으로 성장하고 발전하는 데에 초점을 맞추어야 한다는 중요한 메시지를 전달한다. 교육은 책에 대한 지식뿐만 아니라 올바른 사고와 행동, 마음가짐을 키우는 것으로 이루어져야 하며, 이를 통해 우리는 자연과 조화롭게 살아가는 방법을 배울 수 있다.

5. 성공을 이루는 미국의 명문가

아일랜드계 미국인으로 시작한 캐네디 가족은 이민 1세대부터 4세대에 이르는 과정에서 미국 대통령을 배출하는 명문가로 자리매김했다. 이들의 정치 역량은 높게 평가되며, 그들이 교육의 가치를 중시하는 것으로 유명하다. 캐네디 가족은 자녀에게 "일등이 되어라. 이등은 패자."라는 아버지의 철학을 전했으며, 성공은 아버지 세대와 다음 세대의 협력으로 이루어진다고 믿었다. 그러나 그들의 진정한 힘은 가족 구성원 간의 서로를 아끼고 함께 힘을 모아가는 데 있다. 확실한 성공은 모든 가족 구성원이 하나의 목표를 향해 힘을 합치며 나아가는 과정에서 이루어진다. 이는 캐네디 가족이 지닌 협력과 결속의 가치를 강조하는 이야기이다. 그들의 가치관과 노력은 미국의 명문가로서의 위상을 더욱 견고하게 만들어 가고 있다.

6. 도서관에서 해법을 얻다

　도서관의 조용한 서재에서 인문학과 철학의 서적 두 권을 꺼내어 읽는 장면은 참으로 평화롭고 집중적인 분위기를 자아낸다. 자제력은 개인의 삶을 건강하게 가꾸는 중요한 요소이다. 이는 개인 생활, 가정 생활, 직장 생활, 사회생활 어디에서나 필요하며, 많은 불행과 비극의 원인이 자제력 부족에서 비롯된다는 점에서 그 중요성은 아무리 강조해도 지나치지 않다.

　존 버로우즈는 자제력이 성공의 법칙 15가지 중 가장 중요한 요소로 자리매김하고 있다고 평가하였으며, 나폴레온 힐도 자제력을 성공을 위해 필요한 여러 요건을 통합하는 '배터리'에 비유하였다.

　아리스토텔레스 역시 자신의 아들 교육을 위해 집필한 『니코마코스 윤리학』에서 자제력을 중요하게 다루며, 자제력 없음을 악덕과 구분하면서도 그 행위가 악덕과 유사하다고 설명한다. 그는 자제력 없는 사람을 '반쯤 나쁜 사람'으로 표현하며, 그 특성을 재미있게 묘사한다.

　아브라함 링컨은 자제력의 좋은 예다. 그의 자제력 발휘 방법 중 하나는 책 읽기였다. 그는 퇴근 후 의자에 기대어 몇 시간씩 책을 읽으며 자제력을 키웠다. 링컨은 적을 친구로 만드는 것을 자제력의 발현으로 여겼으며, 편지 쓰기와 무대응 전략을 통해 불필요한 대립을 피했다.

넬슨 만델라는 감옥 생활을 통해 자제력을 배웠다. 감옥에 가기 전의 만델라는 매우 전투적이었으나, 감옥에서의 경험을 통해 천천히 성숙해져 나왔다. 이는 그에게 가장 훌륭한 스승이었으며, 자제력의 중요성을 깊이 깨닫게 했다.

이와 같은 사례들은 자제력이 얼마나 중요한 덕목인지, 그리고 그것이 어떻게 개인의 삶과 성공에 영향을 미치는지 잘 보여 준다. 당신이 이 책들을 통해 자제력의 중요성을 다시금 깨닫고, 이를 강화하는 데 많은 도움을 받기를 바란다.

3장

1. 수시 입시의 성공을 위한 고등학교 1학년, 2학년의 중요성

수시 입시에 강한 고등학교들의 공통된 비결은 고등학교 1학년, 2학년 때의 활동과 기록을 중시하는 것이다. 이 시기는 학생들이 자신의 진로를 정하고 이에 맞는 독서, 동아리 활동, 봉사 활동 등을 통해 생활기록부를 알차게 채울 수 있는 중요한 시기이다. 하지만 많은 학생과 학부모, 심지어 고등학교 선생님들까지도 이를 간과하는 경우가 많다. 대부분의 학생들은 고3이 되어서야 입시에 어떻게 대처할지 고민하기 시작하지만, 그때는 이미 늦은 경우가 많다.

따라서 고등학교 1학년, 2학년 담임 선생님의 역할이 매우 중요하다. 학생들이 자신의 삶의 목표를 정하고 그에 따른 진로를 준비하도록 유도해야 하며, 구체적인 방법을 조언해 줄 수 있어야 한다. 모범적인 선배의 사례를 소개하거나 개인 상담을 통해 학생들의 목표 설정과 준비를 도울 수 있다.

예를 들어 A고등학교는 학생들의 진로에 대해 묻거나 생활기록부를 신경 쓰지 않는 반면, B고등학교는 1학년 때부터 유명 대학 교수님의 강연을 듣게 하고 소논문 작성이나 관련 독서를 통해 체계적으로 준비한다. 이러한 차이는 입시 결과에서도 큰 차이를 만들어 낸다.

수시에 강한 학교들은 학교 전체가 체계적인 진학 지도를 한다. 모든 학년의 선생님들이 학기 초부터 진학이라는 목표를 세우고 계획에 따라 학생들을 지도한다. 이러한 체계적인 지도 아래 학생들은 선생님의 지도에 따라 무한한 가능성을 발휘할 수 있다. 이는 맹자가 말한 삼락(三樂) 중 세 번째 즐거움인 '천하의 뛰어난 인재를 가르치는 즐거움'과도 일맥상통한다.

2. 칭찬과 긍정적인 피드백의 중요성

칭찬의 힘은 무시할 수 없는 강력한 영향력을 지니고 있다. 조제프 주베르의 말처럼 사람의 재능은 칭찬을 통해 더욱 꽃피울 수 있다. 식물이 태양을 향해 자라는 것처럼, 사람도 긍정적인 피드백과 칭찬을 받을 때 더욱 발전하고 성장하게 된다.

부정적인 말이나 비판은 사람을 위축시키고, 그 사람의 성장을 방해할 수 있다. 사람은 자기가 생각하는 대로만 성장하는 것이 아니라 다른 사람의 말과 행동에서 큰 영향을 받는다. 사랑과 칭찬을 많이 받으면 그 사람은 더 사랑을 베풀고 칭찬받는 사람이 되기 위해 노력하게 된다.

이러한 긍정적인 영향력은 가정, 학교, 직장 등 다양한 사회적 환경에서 더욱 중요한 역할을 한다. 긍정적인 환경은 사람의 자신감을 키우고, 그 사람의 잠재력을 최대한 발휘할 수 있게 한다. 따라서 우리는 주변 사람들에게 칭찬과 격려를 아끼지 말아야 한다. 이렇게 함으로써 서로가 더 나은 사람이 되고, 더 건강한 사회를 만들 수 있다.

3. 실패에 대한 관대함

부모는 자식과 함께 실패를 통해 배운 점을 이야기하는 시간을 가져야 한다. 이는 자식이 실패를 단순한 좌절이 아니라 성장의 기회로 받아들이게 도와준다. 다음은 자식과 실패를 통해 배운 점을 이야기하는 몇 가지 방법이다.

구체적인 사례를 통한 대화를 통해서 자식이 경험한 실패 사례를 구체적으로 이야기하고, 그 상황에서 무엇을 배웠는지 구체적으로 논의한다. 예를 들어, 시험에서 좋은 성적을 받지 못했을 때 어떤 부분에서 부족했는지, 다음 시험에서는 어떻게 더 잘 준비할 수 있을지 구체적으로 이야기한다. 실패한 이유를 분석하고 이를 극복하기 위한 구체적인 방법을 함께 모색한다. 이를 통해 자식은 실패를 극복하는 능력을 기르고, 비슷한 상황에서 더 나은 선택을 할 수 있게 된다. 예를 들어, 운동 경기에서 졌다면 어떤 훈련이 더 필요할지, 팀워크를 어떻게 개선할 수 있을지 논의한다. 자식이 이전에 성공했던 경험과 비교하여 무엇이 달랐는지, 성공을 위해 어떤 점을 개선할 수 있는지 이야기한다. 이를 통해 자식은 성공과 실패의 차이를 이해하고, 성공을 재현하기 위한 전략을 세울 수 있다. 자식이 실패로 인해 느꼈던 감정을 표현하고, 부모가 이에 공감하는 것도 중요하다. 자식이 실패를 통해 느꼈던 좌절감, 슬픔, 분노 등의 감정을 표현할 수 있도록 돕고, 부모가 이에 공감함으로써 자식은 감정적으로도 안정감을 찾을 수 있다. 자식이 실패를 극복하고 앞으로 더 나은 선택을 할 수 있도록 미래의 계획을 세우는 데 도움을 준다. 구체적인 목표와 계획을 세움으로써 자식은 다시 도전할 수 있는 용기를 얻게 된다. 예를 들어, 학업에서 실패했다면 다음 학기에 어떤 과목을 중점적으로 공부할지 계획을 세우는 것이다.

4. 부모의 노력으로 완성된다

장병혜 님의 책에 따르면, 아이는 99% 엄마의 노력으로 완성된다고 한다. 이 말은 부모, 특히 어머니가 아이의 인생에서 얼마나 중요한 역할을 하는지를 강조하고 있다. 교육의 시작과 끝은 부모에게 달려 있으며, 이 점에서 부모력의 중요성을 설명하는 것이 필요하다.

교육은 아이가 태어나는 순간부터 시작된다. 부모는 아이의 첫 번째 교사이자, 가장 큰 영향을 미치는 존재이다. 부모의 말과 행동, 가치관과 태도는 아이의 성장과 발달에 직접적인 영향을 미친다. 따라서 부모는 아이의 첫 번째 모델로서 긍정적이고 건전한 가치관을 심어 주어야 한다. 부모가 자녀에게 올바른 교육을 제공하기 위해서는 먼저 자신이 올바른 가치관과 태도를 갖추어야 한다. 이는 부모가 스스로 학습하고 성장하는 과정을 통해 이루어진다. 부모가 배우고 성장하는 모습을 보면서 아이도 자연스럽게 학습에 대한 긍정적인 태도를 갖게 된다.

장병혜 님의 아버지는 자녀들에게 어떤 일을 강요하지 않았지만, '기본'만큼은 철저히 지키게 하셨다고 한다. 이는 자녀들이 스스로 책임감을 가지게 하고, 자유와 자율을 구분할 수 있도록 하는 교육의 중요성을 보여 준다. 부모는 자녀에게 기본적인 생활 습관과 책임감을

가르쳐야 한다. 이는 자녀가 독립적으로 성장할 수 있는 기초가 된
다. 예를 들어, 자녀가 자신의 일은 스스로 책임지게 하고, 규칙과 약
속을 지키도록 교육하는 것이 중요하다. 이러한 기본적인 교육은 자
녀가 성인이 되어서도 책임감 있는 사회 구성원으로 성장하는 데 큰
도움이 된다.

　장병혜 님은 강대국이 가진 힘의 원천을 배우고, 이를 통해 우리나
라가 강한 나라가 될 수 있도록 기여하겠다는 포부를 가졌다고 한다.
이처럼 부모는 자신의 경험과 배움을 바탕으로 자녀에게 가치 있는
교훈을 전달할 수 있다. 장병혜 님은 신혼의 단꿈을 느낄 겨를도 없
이 세 아이의 양육과 교육이라는 무거운 과제를 맞닥뜨렸다. 이 과정
에서 그녀는 아버지에게서 배운 교육이라는 유산을 자녀들에게 전달
하고, 다시 그 자녀들의 아이들에게로 이어지도록 노력했다. 이는 교
육이 세대를 넘어 지속적으로 영향을 미치는 중요한 요소임을 보여
준다.

　현대 사회의 급속한 변화는 부모들에게 자녀 교육에 대한 불안과
부담을 가중시킨다. 특히 핵가족화와 개인화는 부모가 자녀 교육에
더욱 큰 책임을 지게 만든다. 과거에는 대가족이 함께 살면서 자녀 교
육에 공동으로 참여했지만, 이제는 부모가 그 역할을 모두 맡아야 한
다. 이러한 변화 속에서 부모는 더욱더 교육의 중요성을 인식하고, 자
녀에게 올바른 가치를 심어 주기 위해 노력해야 한다. 부모가 자녀와
충분한 시간을 보내고, 자녀의 생각과 감정을 이해하며, 그들의 성장
을 돕는 것이 중요하다.

장병혜 님은 "이제 엄마가 학교다"라고 말한다. 이는 부모가 자녀 교육의 중심에 서 있어야 한다는 의미이다. 부모는 자녀의 첫 번째 교사로서, 자녀에게 지식뿐만 아니라 삶의 지혜와 가치관을 가르쳐야 한다. 부모가 자녀의 교육에 적극적으로 참여하고, 자녀의 성장과 발달을 지원하는 것은 매우 중요하다. 부모는 자녀가 꿈을 이루기 위해 필요한 모든 것을 제공해야 하며, 자녀가 자신의 잠재력을 최대한 발휘할 수 있도록 도와주어야 한다.

장병혜 님의 책은 부모의 역할이 얼마나 중요한지를 다시 한번 상기시켜 준다. 교육의 시작과 끝은 부모에게 달려 있으며, 부모는 자녀의 첫 번째 교사로서 올바른 가치관과 태도를 심어 주어야 한다. 부모는 자녀에게 기본적인 생활 습관과 책임감을 가르치고, 자신의 경험을 바탕으로 귀중한 교훈을 전달해야 한다. 현대 사회의 변화 속에서 부모는 자녀 교육의 중심에 서 있어야 하며, 자녀가 건강하게 성장할 수 있도록 적극적으로 지원해야 한다.

5. 인생의 의미를 발견할 수 있어야 가능한 자기 주도 학습

에인절 지수는 한 가정이나 국가가 취학 전후의 어린이들을 위해 지출한 비용의 비율을 나타내는 지표이다. 여기에는 교육비, 서적, 장난감, 옷 구입비, 용돈 등이 포함된다. 에인절이란 보통 유아부터 초등학생까지의 어린이를 일컫는 말로, 이들을 위해 지출하는 비용이 에인절 지수에 포함된다. 한 국가의 에인절 지수가 높다는 것은 그 나라가 어린이 교육과 복지에 많은 투자를 하고 있다는 것을 의미한다. 이는 그 나라가 선진화되고 있다는 신호이며, 소득이 높은 가정일수록 상대적으로 에인절 지수가 높은 것이 특징이다. 유아기는 인생에서 가장 중요한 시기이다. 이 시기에 유아의 무한한 잠재력이 개발되고, 장래 학습 능력이 결정된다. 따라서 유아기에 적절한 교육과 발달 지원은 매우 중요하다.

부모는 다양한 이론과 방법을 참고할 수 있지만, 이론에 너무 얽매이지 않고 자녀의 개별적 필요와 성향에 맞는 교육을 제공하는 것이 중요하다. 부모는 자녀의 인생에서 가장 중요한 역할을 하는 존재이다. 부모의 삶과 행동은 자녀에게 큰 영향을 미치며, 자녀의 인생 방향을 정하는 데 중요한 역할을 한다. 부모는 자녀에게 튼튼한 기초를 제공하고, 자녀의 성장을 지원하는 최고의 전문가로서 역할을 다해야 한다. 에인절 지수와 같은 지표를 통해 국가나 가정의 어린이 교육에 대한 투자가 얼마나 중요한지를 알 수 있으며, 유아기의 교육과 발달 지원은 자녀의 미래를 밝히는 중요한 요소임을 인식해야 한다.

6. 사랑한다면 절제를 가르쳐라

부모로서 우리는 자녀에게 자유롭고 창의적인 환경을 제공하고 싶어 한다. 많은 엄마들이 자녀를 자신감 있고 꿈을 이룰 수 있는 아이로 키우고 싶어 하지만, 현실적인 교육 시스템은 이러한 기대를 충족시키지 못할 때가 많다. 이는 우리나라뿐만 아니라 다른 나라에서도 유사한 상황을 겪고 있다. 1970년대 미국에서 이루어진 백 투 더 베이직 운동은 기본 바탕을 갖추지 않고서는 아이에게서 그 어떤 발전도 기대할 수 없다는 생각에서 비롯되었다. 이 운동은 교육의 근본적인 가치를 되찾고자 하는 시도로, 현재의 교육 현실에서도 시사하는 바가 크다. 기본 바탕이 없이는 그 어떤 창의력도 뿌리 내릴 수 없다. 이는 아이의 교육에서 기본적인 학습과 가치관 형성이 중요함을 의미한다. 기본이 튼튼하지 않으면 아무리 뛰어난 창의력도 효과적으로 발휘되지 못한다. 황무지에서 곡식이 자랄 수 없듯이, 기초가 없는 창의력은 아무런 힘을 발휘할 수 없다.

자녀에게 자율성과 창의력을 키워 주는 것은 부모의 중요한 역할 중 하나이다. 조지 오웰의 소설 『1984』에서 묘사된 획일화된 사회에서는 개인의 생각이 허락되지 않는다. 이러한 사회는 개인의 창의력과 자율성을 억압하며, 이는 사회 전체의 발전을 저해하는 요소가 된다.

따라서 자녀에게 자유롭게 생각하고 표현할 수 있는 환경을 제공하는 것이 중요하다.

부모는 자녀가 자신의 생각을 자유롭게 표현할 수 있도록 독려해야 한다. 이를 위해 자녀와의 대화를 통해 그들의 생각을 존중하고, 다양한 경험을 제공하며, 독서와 같은 활동을 장려하는 것이 필요하다. 독서는 자녀의 사고력을 키우고, 새로운 아이디어와 창의력을 발휘할 수 있는 좋은 도구가 된다.

현대 교육 시스템은 종종 자녀의 창의력과 자율성을 충분히 지원하지 못한다. 이는 교육 시스템이 획일화된 평가 방식과 경쟁 중심의 구조로 이루어져 있기 때문이다. 이러한 시스템 속에서 자녀는 자신의 개성과 창의력을 발휘하기 어려울 수 있다.

따라서 부모는 자녀가 학교 교육 외에도 다양한 경험과 학습을 통해 창의력과 자율성을 키울 수 있도록 도와주어야 한다. 부모는 자녀가 자신의 흥미와 재능을 발견하고, 이를 발전시킬 수 있는 기회를 제공해야 한다. 예를 들어, 자녀가 좋아하는 활동에 참여하도록 돕고, 다양한 취미와 관심사를 탐색할 수 있도록 지원하는 것이 중요하다.

많은 부모들이 자녀를 자신감 있는 아이로 키우고 싶어 한다. 자신감은 자녀가 자신의 능력을 믿고, 새로운 도전에 맞설 수 있는 용기를 준다. 자녀의 자신감을 키우기 위해 부모는 자녀의 작은 성취도 인정하고 칭찬해야 한다. 이는 자녀가 자신의 능력을 신뢰하고, 더 큰 목표에 도전할 수 있는 동기를 부여한다. 자녀가 꿈을 이룰 수 있도록 지원하는 것도 부모의 중요한 역할이다. 자녀가 자신의 꿈을 찾고, 이를 이루기 위해 노력할 수 있도록 부모는 지속적으로 격려하고 지원해야 한다. 자녀의 꿈을 존중하고, 그 꿈을 이루기 위해 필요한 자원과 기회를 제공하는 것이 중요하다.

  부모는 자녀에게 자유롭고 창의적인 환경을 제공하는 것이 중요하다. 기본 바탕이 튼튼해야 창의력이 뿌리내릴 수 있으며, 자율성과 창의력을 키워 주는 것이 자녀의 발전에 중요하다. 현대 교육 시스템의 한계를 인식하고, 부모로서 자녀가 다양한 경험을 통해 성장할 수 있도록 지원해야 한다. 자녀의 자신감과 꿈을 키우기 위해 작은 성취를 인정하고, 지속적인 격려와 지원을 제공하는 것이 중요하다. 이를 통해 자녀는 자신감 있게 꿈을 향해 나아가며, 창의력과 자율성을 발휘할 수 있을 것이다. 소설『칼릴 지브란의 예언자』에서 "그대는 아이들에게 사랑을 줄 수 있으나, 그대의 생각까지 주려고 하지는 말라."고 하였다. 부모가 자녀에게 사랑을 주되, 그들의 독립적인 생각과 성장에 대한 공간을 존중해야 한다는 것을 강조하는 것으로 보인다. 아이들은 자신만의 생각과 감정을 가지고 있으며, 부모는 그들의 독립성을 존중하고 지지해야 한다.

4장

1. 발전적인 경경 관계로 이끌어라

『흐르는 강물처럼』은 자연에 비친 인간의 모습과 부성애에 관한 이야기를 담은 책이다. 이 책은 낚시를 통해 인생의 지혜를 가르치는 아버지와 아이들에 대한 이야기를 다룬다. 아버지는 자신의 경험과 지혜를 통해 아이들을 가르치고, 함께 자연 속에서 인생의 교훈을 찾아간다. 자식과의 관계에서 발전적인 관점을 적용하는 것은 매우 중요하다. 발전적인 부모-자식 관계는 상호 존중, 소통, 협력, 그리고 성장을 기반으로 한다. 이러한 가치들이 부모와 자식 간의 관계에 뿌리내리면 서로가 서로에게 더 나은 사람으로 성장하고 행복한 삶을 살 수 있는 기회를 제공할 수 있다. 상호 존중은 부모와 자식 간의 관계에서 매우 중요하다. 부모는 자식을 존중하고 그들의 의견과 감정을 존중해야 한다. 또한, 자식도 부모를 존중하고 그들의 권리와 경험을 인정해야 한다. 상호 존중이 있는 관계에서는 갈등이나 문제가 발생했을 때도 상대방을 이해하고 대화하려는 노력을 기울인다. 소통은 부모와 자식 간의 관계에서 핵심적인 요소다. 효과적인 소통은 발전적인 관계의 기반이 된다. 부모와 자식은 서로에게 솔직하고 열린 마음으로 의견을 나누고 이해하려는 노력을 기울여야 한다. 이러한 소통은 오해나 오작동을 방지하고 서로의 관점을 이해하는 데에 도움이 된다. 협력은 부모와 자식 간의 관계에서 중요한 요소다. 부모와 자식은 함께 협력하여 공동의 목표를 달성하기 위해 노력해야 한다. 협력은 서로의 이익보다는 전반적인 가족의 성공을 추구하는 것을 의미한다. 상호 협력은 서로가 함께 성장하고 발전할 수 있는 기회를 제공한다. 성장은 부모와 자식 간의 관계에서 매우 중요한 가치이다. 부모와 자식은 함께 성장하고 발전할 수 있는 기회를 찾고 촉진해야 한다. 이것은 서로를 지원하고 격려하는 것을 의미한다. 또한, 실패나 실수를 통해 배우고 성장하는 것을 인정하는 것도 중요하다. 성장은 부모와 자식이 더 나은 관계를 구축하고 서로에게 더 큰 행복과 만족감을 가져다줄 수 있다.

부모와 자식 간의 발전적인 관계는 서로의 이해와 지원을 바탕으로 한다. 이러한 관계는 서로가 서로를 돕고 성장하며 더 나은 미래를 함께 만들어 나갈 수 있도록 도와준다. 부모는 자식에게 사랑과 이해를 보여 주고, 자식은 부모에게 존중과 감사를 표현하는 것이 중요하다. 이러한 발전적인 관계는 가족의 결속력을 강화하고 서로에게 더 큰 행복과 만족감을 가져다줄 것이다.

2. 불안한 마음을 극복하기

　오은영 정신과 전문의의 책 『불안한 엄마 무관심한 아빠』에 의하면 '불안장사'는 현재의 사회에서 유용하게 사용되는 용어 중 하나로, 소비자들의 불안과 불안감을 이용하여 상품을 판매하거나 마케팅하는 것을 가리킨다. 이 책은 이러한 불안장사의 현상을 다루며, 특히 부모들이 아이를 키우며 경험하는 다양한 형태의 불안감에 초점을 맞추고 있다.

　부모들은 아이를 키우는 과정에서 다양한 불안과 불안감을 경험한다. 이는 건강과 안전, 교육, 사회적인 비교와 경쟁, 미래에 대한 불안 등 다양한 측면에서 나타날 수 있다. 이 책은 이러한 부모의 불안감을 이해하고 극복하는 방법을 제시하며, 부모가 자녀를 키우는 과정에서 행복과 안정을 찾을 수 있는 방법을 안내한다. 또한 부모들이 서로의 가능성과 한계를 이해하고 서로를 배려하며 협력하는 것이 중요하다는 점을 강조한다. 부모가 행복하고 안정된 마음으로 자녀를 키우는 것은 아이가 행복하고 건강하게 성장하는 데 중요한 역할을 한다. 이를 위해 부모들은 서로를 지지하고 이해하며, 함께 협력하여 아이를 키워야 한다.

　불안감을 극복하고 행복한 가정을 만들기 위해서는 현재의 선택을 믿고 함께 나아가는 것이 중요하다는 메시지를 전달한다. 마지막으로, 두 마리 토끼를 잡을 수 없기에 현재의 선택을 신뢰하고 그에 따라 나아가야 한다는 조언을 제시한다.

『불안한 엄마 무관심한 아빠』에서는 할머니가 영민에게 두부를 사오라는 심부름을 보내고, 영민 엄마가 어린이 유괴와 납치에 대한 뉴스를 보고 불안해하는 모습이 나와 있다. 또한 아빠들도 불안을 느끼지만 직면하기보다는 낙관적인 말을 하며 불안을 상쇄하려는 모습을 보인다. 이와 함께, 4살 아이의 말이 트이지 않아 진료를 받으러 온 상황에서도 엄마의 불안이 녹아 있는 것을 볼 수 있다. 불안은 과거의 본능적인 반응에서 비롯된 것으로, 위험이 느껴지면 신체가 경고 신호를 발산한다. 이런 상황에서는 정보가 많을수록 불안이 확산될 수 있다. 이러한 불안과 관련된 상황들은 인간의 본능과 심리적 특성에 관한 이해를 깊이 있게 다루고 있다.

3. 자녀의 앞날에 대한 결정과 책임

　　나폴레옹 보나파르트의 말은 부모의 영향이 자녀의 삶과 운명에 큰 영향을 미친다는 것을 강조한 것이다. 이는 자녀 교육과 관련된 부모의 역할과 책임을 강조하는 것으로, 부모에게는 자녀의 미래를 위한 중요한 책임이 있음을 암시한다. 그러나 현실에서는 부모의 교육 방식이나 태도가 자녀에게 큰 영향을 미치는 것은 사실이다. 하지만 이것이 때로는 부담스러운 것으로 여겨질 수도 있다. 부모의 교육에 대한 고민은 그만큼 중요하지만, 지나치게 엄격하거나 과도한 관여는 오히려 부정적인 영향을 미칠 수 있다.

　　또한, 현대 사회에서는 다양한 부모 유형이 등장하고 있다. 몬스터맘, 돼지맘, 타이거맘, 헬리콥터맘 등의 유형이 있으며, 각각의 유형은 부모의 행동이나 태도를 설명하는 용어로 사용된다. 이러한 용어들은 부모의 행동 패턴을 이해하고 분류하는 데 도움을 주며, 부모들이 자녀를 키우는 방식에 대해 다양한 관점을 제시한다.

　　자녀 교육은 단순히 학업에만 국한되지 않으며, 부모는 자녀의 발전과 행복을 위해 다양한 측면을 고려해야 한다. 이를 통해 부모는 자녀의 성장과 발전을 지원하고, 올바른 교육 방향을 찾을 수 있다. '한국가정문화연구소'의 김대현 소장은 사춘기 아이들의 반항에 대한 부모의 대응 방법에 대해 중요한 지침을 제시하고 있다. 그는 사춘기 아이들이 왜 기분이 나쁜지 자신도 모르는 이유 없는 반항을 보이는데, 부모는 이러한 반항에 일일이 반응하지 않고 참고 지나치지 않는 것이 중요하다고 말한다.

또한 대화할 때에도 지시형으로 말하는 것보다는 상황을 이해하고 협조를 부탁하는 방식으로 말하는 것이 더 효과적이라고 강조한다. 이렇게 함으로써 부모는 자녀의 감정을 이해하고 협력을 이끌어 내며, 서로 존중하고 소통하는 관계를 유지할 수 있다. 이는 사춘기 아이들의 성장과 발달에 도움이 되는 긍정적인 부모-자녀 관계를 형성하는 데 중요한 역할을 한다.

4. 훌륭한 자녀 뒤엔 훌륭한 교육이 있다

전문가들은 부모의 역할이 자녀를 훌륭한 인성을 갖춘 인물로 성장시키는 데 중요하다고 강조한다. 이를 위해서는 다음과 같은 방법들이 효과적이라고 조언한다.

그중 하나가 스킨십과 다정한 대화인데, 부모에게는 잦은 스킨십을 통해 자녀와 소통하고, 다정한 표정으로 대화하는 것이 중요하다. 자녀의 성품을 칭찬하고 잘못된 행동에 대해 훈련시키는 말을 하여 자녀의 자존감을 높여 준다. 부모는 일관된 태도를 유지하여 모범적인 부모의 자세를 보여 주어야 한다. 가족 이외의 사람들로부터도 자녀에게 조언을 받아야 한다. 이웃과의 관계를 돈독히 하는 것이 자녀 인성 교육에 도움이 된다. 부모는 자녀의 문제를 해결하기 위해 자신의 행동을 반성하고 변화해야 한다. 이러한 노력을 통해 부모는 자녀를 바른길로 인도하고, 자녀의 성장과 발달을 지원할 수 있다. 결국 자녀의 인생은 부모의 노력과 행동에 크게 영향을 받는다는 것을 잊지 말아야 한다. 훌륭한 교육은 그들의 지적, 감정적, 사회적, 그리고 윤리적인 발전을 지원하고 도울 수 있다. 이를 위해 부모, 교사, 그리고 사회 전체가 협력하여 자녀들에게 최상의 교육 환경을 제공해야 한다.

우리는 먼저 지식과 기술을 전달하는 것으로부터 시작할 수 있다.

자녀들은 학교에서 기본 학문 과목을 배우고, 독립적인 사고와 문제 해결 능력을 키울 수 있다. 수학, 과학, 문학, 역사 등의 학문적인 지식은 자녀들이 미래에 직면할 다양한 도전에 대비하는 데에 필요하다. 또한, 정보통신기술(ICT) 및 컴퓨터 과학과 같은 최신 기술에 대한 이해도 중요하다. 이러한 지식은 자녀들이 현대 사회에서 발전하고 성공하기 위한 필수적인 요소이다.

뿐만 아니라, 자녀들은 감정적인 지원과 안전한 환경에서 자랄 필요가 있다. 훌륭한 교육은 자녀들이 감정을 이해하고 관리하는 방법을 배우고, 자신과 타인을 존중하는 데 도움을 줄 수 있다. 감정 지능을 개발하고 사회적으로 적응할 수 있는 능력은 자녀의 성공과 행복에 필수적이다. 따라서 교육은 자녀들에게 자신감, 책임감 그리고 대인관계 기술을 강화할 수 있는 기회를 제공해야 한다.

또한 훌륭한 교육은 자녀들의 창의성과 상상력을 발휘하고 발전시킬 수 있어야 한다. 미술, 음악, 연극, 무용 등의 예술적 활동은 자녀들의 창의력과 자아 표현을 촉진할 수 있다. 또한, 과학 실험, 프로젝트 기반 학습, 문제 해결 과정을 통해 자녀들은 자신의 능력을 발견하고 확장할 수 있다. 이러한 활동들은 자녀들이 독립적으로 생각하고 문제를 해결하는 능력을 키우는 데에 도움을 줄 수 있다.

5. 서울대학교보다 하버드대학교를 겨냥하라

　김성예 교수는 연세대학교 철학과 김형석 교수의 장녀로 태어나 이화여자대학교 영문과를 졸업하고 30년 동안 미국 이민 생활을 하고, 아들은 예일대학교를 졸업하였다. 미국 대학 입학 제도와 한국의 대학 입학 제도의 장단점 그리고 미국에서 아이를 키우는 생생한 경험담을 토대로 글을 전개하고 있다. 우리나라의 가부장적인 유교 문화와 21세기의 빠른 변화에 공존하는 이중적인 문화에서 다른 시각에서 교육의 방향을 제시하고 있다. 미국의 하버드대학교와 예일대학교에서 원하는 인재는 공부를 잘하는 사람이 아니고, 성적은 어느 정도 이상이면 된다. 사회적인 약자를 도우며 정의를 실천할 줄 아는 사람을 원한다. 미국의 중산층 기준에서 비평지를 구독하는 걸 보고 나는 놀랐다. 단순히 삶에서 물질적인 만족이 아니라 사회에 정의를 실천하고 이를 공감하는 분위기가 필요한 것 같다. 그것은 어려울 때부터 부모의 대화와 행동이 늘 자식에게 보여 줌으로써 자식이 살아가는 동안에 그 깃대 역할을 할 것으로 보인다. 서울대학교와 하버드대학교는 각각 한국과 미국에서 가장 권위 있는 대학으로 평가된다. 하지만 이들 간에는 상당한 차이가 있다. 하버드대학교는 세계적으로 높은 평판과 탁월한 교육 프로그램을 자랑하는 세계적인 대학교로, 국제적으로 인정받는 학자들과 우수한 학생들이 모인 곳이다. 한편 서울대학교도 우수한 교육 프로그램과 연구 활동을 갖추고 있지만 국제적인 명성과 평판에서는 하버드대학교에 미치지 못한다.

"서울대학교보다 하버드대학교를 겨냥하라"는 이 말은 우리가 현재 상황에 안주하지 말고, 더 높은 목표를 설정하고 그것을 달성하기 위해 노력해야 한다는 의미이다. 이는 우리가 자신의 능력과 잠재력을 최대한 발휘하고, 국제적으로 인정받는 명성을 얻기 위해 노력해야 한다는 동기 부여를 제공한다. 하버드와 같은 세계적인 대학을 겨냥하는 것은 우리에게 더 높은 수준의 목표를 설정하고 그것을 달성하기 위해 최선을 다하도록 동기를 부여한다.

이러한 격언은 우리가 소극적이거나 안주하는 태도를 버리고, 자신의 능력을 믿고 최고의 결과를 이루기 위해 노력하는 데에 도움이 된다. 또한 이러한 목표를 향해 노력함으로써 우리는 지속적인 성장과 발전을 이룰 수 있으며, 새로운 도전에 대한 용기와 자신감을 얻을 수 있다. 따라서 "서울대학교보다 하버드대학교를 겨냥하라"는 우리에게 항상 최고를 추구하도록 동기를 부여하는 중요한 메시지이다.

6. 프랭클린 자서전에서 배우다

　형수가 중학교 때에 『프랭클린 자서전』을 읽고 프랭클린 다이어리를 사서 행동을 하는 것을 보고 놀랐다. 21세기는 하루 24시간 동안 시간과의 전쟁이라고 할 수 있을 것이다. 그렇지만 그 시간을 어떻게 활용하는가에 따라 성공할 것인지, 그렇지 못할 것인지가 결정된다. 시간은 흐르지만 그냥 반복적인 글의 나열이다. 진실성을 가진 글은 자신의 경험을 글로 표현을 해야 한다. 그것은 고통이면서 인내의 연속이다. 내가 이 글에서 무엇을 메시지로 던질 것인가 하는 물음이다. 평범한 아이가 성장하고 과정에서 이겨 내는 과정을 스토리로 엮어 보고 싶은 것이다. 난 그것을 통해서 감동과 희망을 전하고 싶다. 남은 인생에서 무엇을 전하고 싶은 것일까. 사람들은 그런 일상적인 것보다 자신의 삶 속에서 같이 공유하면서 자신의 꿈을 이루고 싶어 하는지도 모른다. 글은 그런 진술 속에서 삶의 일상이 묻어 나오는 정을 표현하고 있다. 내일의 세상이 어떤 것인지도 모르지만 난 그렇게 살고 싶다. 글은 그래서 좋은 것 같다. 시간의 가치에 대해서 이해하기란 더더욱 어려운 일이다. 시간의 소중함을 알려 주기 위해서는 계획표를 세우는 일이다. 프랭클린의 다이어리가 여러 가지 방법 중에서는 가장 좋은 것으로 보인다.

7. 습관에서 날개를 달다

좋은 습관을 만들기는 어렵다. '당신의 꿈이 무엇입니까?' 질문은 어렵다. 어른들에게도 그 질문은 형이상학적인 질문이다. 이러면 자녀들과의 대화는 멀어진다. 가벼운 질문으로부터 시작하자. 신문의 칼럼을 베껴 쓰기 시작하여 자신의 언어로 만드는 습관을 가지고 그 언어와 관심사를 가지고 아들하고 대화를 시작하였고, 따라서 언어 능력도 향상되었다는 학부모의 말이 감동적이다. 작은 실천을 위해서는 실천 카드를 만들어서 성공적인 좋은 습관을 가지게 된 어느 아빠의 스토리. 습관이 고쳐지기 위해서는 66일의 시간이 걸린다고 한다. 작은 변화에서 우리는 무엇을 느끼게 하는가? 성공한 사람의 뒤에는 더 많은 노력과 피와 땀이 있다는 것을 알아야 한다. 감동을 주려면 스토리를 가져야 하고, 그러려면 진솔한 이야기가 나와야 한다. 좋은 습관은 우리의 삶에 안정성과 조화를 가져다주며, 우리를 더 나은 사람으로 만들어 준다. 예를 들어, 매일 아침 운동을 하는 것이나 독서를 하는 것과 같은 습관은 우리의 건강과 지식을 향상시키고, 더욱 생산적인 삶을 살 수 있도록 도와준다. 또한 부정적인 습관을 교체하고 긍정적인 습관을 형성함으로써 우리는 자신에게 더 많은 자신감과 희망을 가져다줄 수 있다.

"습관에서 날개를 달다"는 우리가 좋은 습관을 형성하고, 그것을 우리의 삶의 일부로 만들어 나가는 것이 얼마나 중요한지를 강조하는 메시지이다. 이는 우리가 우리의 목표를 달성하기 위해 노력하고, 성공하기 위해 필요한 행동과 습관을 채택하는 것이 우리에게 얼마나 큰 이점을 제공할 수 있는지를 상기시키는 것이다.

우리가 좋은 습관을 형성하고 이를 일상으로 체득함으로써 잠재력을 최대한 발휘할 수 있고, 더 나은 미래를 만들어 나갈 수 있다. 따라서 "습관에서 날개를 달다"는 습관을 조절하고 이를 통해 삶을 변화시킬 수 있다는 희망적인 메시지를 전달한다.

5장

1. 잠자는 지능을 깨워라

　리처드 니스벳의 연구에서 지적 성취를 높이는 데 가장 중요한 요인은 부모와 아이 간의 언어적 상호 작용이라고 한다. 부모가 아이들과 많은 대화를 나누고, 어휘를 확장하며, 책을 읽어 주는 등의 활동은 아이의 지능 발달에 큰 영향을 미친다. 이는 다양한 계층과 인종에 걸쳐 관찰되는 현상으로, 부모가 사용하는 언어의 풍부성이 아이의 학습 능력 및 인지 능력에 긍정적인 영향을 미친다.

　또한 자녀에게는 꾸중보다는 격려와 함께 환경을 탐색하고 자기 통제력을 키울 수 있는 기회를 제공하는 것이 중요하다. 스트레스를 최소화하고, 아이들이 사물과 사건을 분류하고 비교하는 능력을 키우는 데 도움이 된다. 이러한 노력과 꾸중 없는 환경은 아이들이 학업적으로 더 높은 성취를 이룰 수 있게 한다. 결국 부모의 노력과 지원은 아이들의 지능과 학업 성취에 중대한 영향을 미친다. 보통 부모는 시간당 2,000개의 단어를 아이들에게 구사하지만, 노동 계층 부모는 1,300개의 단어를 사용한다. 부모들이 식탁에서 사용하는 단어는 아이에게 중요한 영향을 미치는 것을 알 수 있다. 하버드대학교 심리학과 하워드 가드너 교수에 따르면 다중지능 이론은 언어적 기능, 논리 수리적 기능, 음악적 기능, 내적 사고 기능, 대인관계 기능, 신체 율동 기능, 시각적 공간적 기능, 자연 탐구 지능을 말한다. 원시 사회에서는 어떤 식물이나 동물이 먹을 수 있는지를 그들의 자연 친화 지능에 의존하는 것을 알아냈다. 현대 사회에서는 기회 형태의 변화에 대한 감수성과 같은 것으로 자연 친화 능력을 잘 나타내 준다. 이러한 다중 지능이론은 창조적인 사고와 같이 8가지의 완벽함을 갖춘 인간은 없다는 것을 말해 준다. 어느 부분이 뛰어나면 다른 부분이 떨어지는 부분이 있다. 부모는 자녀의 특징을 잘 파악하여 부족하고 모자라는 점을 잘 보완한다면 융합형 인간과 같이 아이들이 잘 성장할 것으로 보인다.

2. 하버드대학교를 들어간 아이들의 7가지 공통점

첫째로, '학교 교육에 충실하였다'는 교육에 대한 중요성을 인식하고 노력하는 것을 보여 준다. 둘째로, '우리는 모두 책벌레'는 지식 습득과 학습에 대한 열정을 나타낸다. 셋째로, '모든 일에 적극적이다'는 적극성과 노력하는 태도를 나타낸다. 넷째로, '시간 관리의 고수들'은 시간을 효과적으로 활용하는 능력을 강조한다. 다섯째로, '단순한 공부벌레가 아니다'는 학습뿐만 아니라 다양한 영역에서 능동적으로 활동하는 능력을 의미할 수 있다. 여섯 번째로, '재능보다는 노력으로 성취하는 노력파'는 노력과 끈기를 강조한다. 일곱 번째로, '이웃을 돌아볼 줄 아는 따뜻한 마음의 소유자'는 타인에 대한 배려와 따뜻한 마음을 나타낸다. 이러한 속성들은 여러분의 성격과 가치관을 나타내는 중요한 특징들이다. 이러한 속성들을 가지고 있으면 자신의 능력과 가치를 더욱 확고하게 인식할 수 있고, 다른 사람들과의 관계에서도 긍정적으로 영향을 미칠 수 있을 것이다.

3. 큰 세상을 꿈꾸어라

필립 체스터필드의 책 『아들아 더 큰 세상을 꿈꾸어라』에는 이런 말이 있다.

"멀리 바라보이는 바다를 볼 때마다 아버지가 나에게 해 주신 말씀이 생각난다. 벼랑 끝에 서 있다고 느껴진다면 지금 네가 보고 있는 이 바다를 떠올리거라. 더 이상 갈 곳이 없다고 여겨질 때 그 길 끝에 펼쳐진 무한히 넓은 바다가 널 기다리고 있을 게다."

어떤 일에서든 마지막이라고 생각하고 최선을 다하면 반드시 좋은 결과가 있을 것이라고 확신한다. 내일은 없고 오늘이 마지막이라는 생각으로 현실에 충실하는 것이 중요하다. 모든 것은 때가 있듯이 한번 지나간 시간은 돌아오지 않는다. 이것을 아이에게 알려 주고 공감을 갖는 것은 더욱 어려운 것이다. 시간의 가치에 대해서 이해하기란 더더욱 어려운 일이다. 시간의 소중함을 알려 주기 위해서는 계획표를 세우는 일이다. 프랭클린의 다이어리가 여러 가지 방법 중에서 가장은 좋은 것으로 보인다.

큰 세상을 꿈꾸는 것은 현재의 한계를 벗어나고, 자신의 잠재력을 최대한 발휘하고자 하는 욕망을 나타낸다. 이는 우리가 우리 자신과 우리가 살고 있는 세상에 대해 비전을 갖고, 그것을 실현하기 위해 노력하는 것을 의미한다. 큰 세상을 꿈꾸는 것은 우리가 단순히 현재의 상황에 안주하지 않고, 더 나은 미래를 위해 노력하고 꿈꾸는 것을 의미한다.

우리가 큰 세상을 꿈꾸는 것은 상상력과 창의력을 발휘하고, 더 나은 세상을 만들기 위한 행동을 취할 수 있는 기회를 제공한다. 이는 꿈과 비전을 향해 나아가며, 목표를 달성하기 위해 노력하고 희생하는 것을 의미한다. 우리가 큰 세상을 꿈꾸는 것은 우리가 우리의 가능성을 믿고, 그것을 실현하기 위해 노력하는 것을 의미한다.

따라서, "큰 세상을 꿈꾸어라"는 우리가 살고 있는 세상에 대한 비전과 희망을 가져다주는 격언이다. 이는 우리가 우리의 꿈과 비전을 추구하고, 우리의 목표를 달성하기 위해 노력하고 희생할 수 있는 용기와 결단력을 부여한다. 함께 더 나은 세상을 만들기 위해 우리의 꿈과 비전을 향해 나아가는 것이 중요하다.

세상을 바라보는 것은 큰 꿈을 가지고 오늘에 충실하는 것이 무엇보다도 중요하다. 특히 현실에서 어려움이 있을 때 바다를 상상하면서 미래를 생각하는 아버지의 지혜가 떠오른다.

4. 아버지의 위대한 유산

아버지들은 우리에게 가르침과 영감을 준다. 그들은 우리에게 인생의 가치와 의미를 보여 주며, 우리가 자랄 때 교과서이자 스승이 돼준다. 우리가 어릴 적에 받았던 교육과 습관 그리고 아버지의 행동은 우리의 삶과 인생에 큰 영향을 미쳤다. 나 역시 아버지로부터 이러한 소중한 유산을 전해 받았다. 그들이 한 선택이나 행동은 우리가 인생에서 취할 수 있는 길을 조금씩 바꾸어 놓았다.

우리는 자신이 아이들에게 어떤 영향을 미쳤는지에 대해 항상 고민한다. 혹시 우리의 욕심이나 강요로 인해 아이들에게 부담을 주었을까? 아니면 그들이 좋아하는 일에 대한 관심과 사고 행동을 어떻게 받아들였을까? 정확한 답은 알 수 없지만 우리는 그들이 행복하길 바란다. 이 행복은 그들의 삶에 대한 만족과 내적 성취를 의미한다.

얼마 전, 택시를 타고 가던 길에 한 아버지를 만났다. 그는 이미 86살이 되었지만 여전히 건강하다고 말했다. 그의 건강은 자식들이 잘 돌봐 주었기 때문이라고 말했다. 그러면서도 마음속으로는 불효한 아들이라고 생각하며 미안해했다. 이런 생각은 우리가 아버지로부터 물려받은 것 중 하나일지도 모른다. 그러므로 나는 내 아들들에게 어떤 유산을 전해 주고 있고, 앞으로 어떤 유산을 전해 줄 수 있는지 고민한다.

세상의 아버지들은 모두 위대한 교육자이자 스승이다. 그들은 우리에게 세상의 가치를 보여 주고, 우리가 좀 더 나은 사람이 되도록 이끌어 준다. 우리의 생각과 행동이 어떤 영향을 끼치는지를 항상 염두에 두고 우리가 아버지로서 더 나은 모습을 보일 수 있도록 노력해야 한다. 그리고 우리가 주변의 이웃들에게도 마음을 담아 주어야 한다는 것을 잊지 말아야 한다.

5. 단순하게 살아라

　도미니크 로로는 프랑스 출신의 수필가로, 소르본대학교에서 영문학 석사를 마쳤다. 이후 영국, 미국, 일본 등지에서 교사로 일하면서 다양한 문화를 경험했다. 그녀는 요가와 수묵화에 능숙하며 삶에서 자유, 아름다움, 조화를 중요하게 여긴다. 1970년대 말부터 일본에 정착한 로로는 동양의 아름다움에 깊이 빠져들었고, 그곳에서 서구와는 다른 '심플하게 사는 것'의 가치를 발견하게 되었다. 적게 가지고 단순하게 삶은 더 풍요롭다고 말하는 이 책은 프랑스와 유럽, 일본 등에서 베스트셀러가 되었다. 오후의 따스한 햇빛이 내리비치는 창가에 앉아서 『심플하게 산다』라는 책과 대화를 하고 있다. 내가 하고 싶은 이야기를 잘 이야기하고 있다. 일상에서 너무 많은 욕심과 끝없는 번뇌와 욕심을 초월해 보려고 한다.

　욕망을 채우느라 삶을 잃어버린 우리들을 위한 일상 성찰. 작가는 물건, 집, 시간, 몸, 관계, 마음의 단어를 도입하여 자신의 견해를 이야기하고 있다. 작은 공간은 아니지만, 음악과 그리고 다른 사람의 잡음이 귀에 들어오지만, 다른 삶의 관계를 서로 이야기하고, 그리고 대화를 하고 있다. 문제에 대한 초월이 나는 단어가 가슴속에 들어온다. 지금 일어나는 직장과 가족의 일이 모든 사람이 겪어 왔던 과정의 이로 보인다. 무엇을 더 욕심을 낼까. 한 발짝 물러서서 초월한 삶을 살

자. 가장 중요한 것은 나 자신의 내면에서 자신이 기준이 되는 것. 그리고 관대함으로 살아가자. 그리고 그 평가는 조용히 삶이 끝냈을 때 평가하는 것 같다. '와비사비'라는 말이 가슴에 남는다. 녹슨 철, 녹과 철은 적당히 조화를 하여 살아간다. 아들이 어떤 삶을 살아가든 내가 그 속에서 관여하는 것은 아닌 것 같다. 내가 박사이고 내가 해 놓은 인프라인데, 하는 것을 초월하면서 살아가자. 내일은 휴가이고 모래는 내게 주어진 시간에서 충실히 살아가자. 그것이 내가 해야 할 일이다.

　오늘은 아는 분과 와인을 마시면서 그리고 언제쯤일지는 모르지만 내가 쓴 책을 출간하여 서점에서 내 이름이 들어가 있는 책을 보는 즐거운 상상을 해 본다. 수필가는 언젠가 나에게 맞는 직업일지 모른다. 글을 쓴다는 것이 즐거운 적은 없었지만, 이 순간만큼은 책과의 대화처럼, 문학 소년처럼 즐거운 시간을 보낸다. 아름다운 언어와 그리고 따스한 창가의 햇빛과 음악 그리고 다른 자리에서 통화의 소음과 같이 어울려서 나도 모니터 속의 글과 같이 시간을 보내고 있다. 약간은 식은 커피의 맛과 그리고 삶은 부족하지만 다른 것을 위한 무엇보다도 불완전하고 투박한 것에서 아름다움을 찾는 일본 특유의 미학을 말한다. 우리의 아름다움은 무엇일까? 나의 아름다움은 무엇일까? 그 아름다움을 관점에서 다르게 디자인하고 싶다. 자신을 보이기 위한 것이 아니고 내가 내 삶에서 충실하기 위한 삶으로 살아가기 위한 것이다. 어제는 지식인의 서재에서 서재는 알에서 깨어나기 위한, 알을 깨어 내는 장소와 공중전화의 부스와 같다고 말한 지식인의 말이 새삼 생각이 난다. 모든 것은 나를 보는 자신의 내면의 마음에 있는 것 같다. 늘 선인의 지혜에서 많은 것을 느낀다. 그리고 반성을 해 본다. 시간은 자꾸 흘러가는데 누군가가 내가 쓴 책에서 공감을 하고, 나와 같은 생각으로 비슷한 장소에서 이런 다른 시점에서 그리고 물을 통해서 한 땀 한 땀 그렇게 살아가는 것이다. 단순한 삶에 대한 가르침을 떠올리게 된다.

6. 비행기 안에서 또 다른 여행

지금의 비행기는 태평양 상공을 날고 있을 것 같다. 형수가 살고 있는 샌디에이고를 가기 위해서 샌프란시스코를 경유하는 여정을 여행 중이다. 시간의 단어에 어느덧 중년이 지나 노년의 시간을 인식해야 하는 시점에 와 있는지 모른다. 모처럼 휴가를 내어서 작은 공간에서 벗어나 다른 기분으로 다른 세상을 여행하고 있다. 젊은 시절의 감성은 아니지만 나름대로 다른 시각에서 시간의 공간을 향유하고자 한다. 약 10,000미터의 상공에서 생각했다. 그 공간은 항공사가 분류한 좌석에 의해서 자본주의 논리로 양분한 것이다. 또 다른 세상이 펼쳐진 것이다. 그냥 그럭저럭 있을 만한 공간이다. 식사를 하고 노트북을 꺼내서 이것저것 보고 그리고 밀린 글을 붓 가는 대로 써 보는 재미도 쏠쏠하다. 공간이 좀 더 중요하게 느껴지는 것 같다.

이번 여행에서 처음으로 선글라스를 써 보았다. 약간의 부정적인 이미지로 인하여 그동안 꺼려 왔다. 왜 그리하였을까? 의문을 가지면서 가끔은 면세점의 선글라스를 사서 도수 있는 안경으로 바꾸는 생각을 하였다. 이번에는 형수가 샌디에이고에서는 선글라스 없이는 살 수가 없다고 강력하게 이야기하여 못 이기는 척하면서 스위스 안경원에서 오클리 안경으로 주문하여 그라데이션 없이 단색으로 하였다. 그 이유는 시간에 대한 여유가 없어서이다. 처음에는 조금 부담스러운 결정이라고 생각했지만, 안경을 쓰고 거울 앞에서 보는 나의 모습은 약간은 다른 모습으로 보였다. 가끔은 선글라스로 다른 모습을 보여 주는 주변의 멋있는 사람을 보고 다른 상상을 하고 있었는지 모른다. 반복적이고 똑같은 공간보다 변화를 주는 좁은 비행기 공간에서 각자의 사연을 가지고 미국행으로 가는 사람들에 섞여서 시간과 공간을 나누고 있다. 오른쪽에서는 커피와 노트북에서 그냥 붓 가는 글을 쓰는 자체에서 편안함을 느낀다. 글을 쓰는 것을 좋아하지는 않았지만, 최소한 이 순간만큼은 생각의 정리와 망각을 하는 인간의 뇌에 대한 다른 형태로 자신의 모습을 저장하는 역할을 할 것이라는 기대를 해 본다.

생각의 존재는 기억이라는 아무리 위대한 생각도, 아이디어도 다시 꺼낼 수 없다면 그것은 무용한 것 같다. 어떤 습관도 기록으로 남기는 것은 좋은 습관이지만, 2년이 다 되어 가면 많은 글을 쓰지는 못한 것 같다. 내가 향후 얼마나 살 수 있을까? 정말 온전한 생각을 가지고 현재의 시점에서 본다면 그리 긴 시간이 아닌 것 같다. 정치를 통해서 자신의 뜻인지, 아니면 타인의 생각인지 어찌 했든 역량이 되는 곳에서 열심히 사는 친구가 있다. 샌프란시스코는 고향과 같다. 벌써 오래전에 산호세에서 살아 보았고, 실리콘밸리의 생활을 좀 해 보았다. 비행가 앞자리에는 방학을 하여 미국으로 어학연수를 가려는 어린애들이 가득하다. 초등학교 4학년에서 6학년 정도의 나이로 보인다. 순간 우리 아이들에게 미안한 생각이 밀려들어 온다. 그러나 세상은 많이 바뀐 것 같다. 미국의 시간으로는 새벽이다. '잠을 자야 하는데' 하는 생각이 들었다. 샌디에이고라는 새로운 도시에서 형수하고의 경험만으로도 만족을 한다. 이제는 변호사가 되어서 초청 아닌 초청으로 뿌듯함을 느낀다. 그 생각보다는 다른 세상을 경험하고 있다. 이번 여행에서는 재미있고 유익한 미래에 대한 철학을 많이 정리하였으면 한다.

온 주위가 어두움으로 가득하다. 그 속에도 전자 장치의 불빛으로 가득 찬다. 삶은 어느 여정이나 목표도 없이 그냥 살아가는 것 같다. 사람에 대해서 안다는 것은 무엇일까? 인생에 대한 20대의 물음에서 시작하여 직장 생활에서 나의 한계에까지 성장해 왔던 것 같다. 별 중요한 것 없이 그렇게 살아온 것은 아닐까 하는 생각을 해 본다. 과연 어떻게 살아야 할까? 행복이란 어제보다 성장을 해야 한다고 한다. 과연 어제의 모습보다 성장의 모습을 추구하면서 끝없는 경쟁의 세상을 살아간다. 베스트셀러가 되기 위한 책을 쓰는 것인지 아니면 그냥 주어진 삶에서 자신의 생각을 정리하려는 것인지, 작가는 어떤 작가가 되려는 것인지 물음에 답변을 주지는 못하는 것 같다. 어쩌면 인생에서 많은 성공을 이루었는지 모른다. 주도권이 바뀐 삶에서 갑과 을의 논리에서 을이 되면 피곤한 삶을 살게 된다. 갑이어서 그리 좋은 것만은 아니다. 주변의 상황과 그리고 하나씩 늙어 가고 있다는 자신을 부정하면서 거울 속 자신의 모습은 할 수 있다는 자신감으로 가득하다. 정말 그럴 용기와 도전의 정신은 있는 것일까? 무엇이 삶에서 가장 소중한 것인지를 생각해 본다. 그리 별반 다르지 않은 선배들의 모습으로 자신을 채워 왔다. 이제는 살 만한 시각으로 자신을 돌아본다. 많은 경험과 내가 꿈꾸었던 세상과 같이 함께하고자 갈망했던 그런 것이 어떤 것이었는지도 모른다. 소설가는 소설을 통해서 세상의 자신을 알리고, 대통령은 자신의 정책으로 다른 세상을 아우른다.

7. 하버드대학교 졸업식

나탈리 포트만은 2015년 하버드대학교 졸업식에서 졸업 축사를 하였다. 그녀는 하버드대학교를 졸업한 유대인이다. 20분 동안 이어진 졸업식 연설문은 입학에서 졸업까지 학교생활 동안 있었던 이야기를 진솔하게 이야기하고 있다. 34살에 배우로서의 성공에 대한 이야기보다는 대학에서 어려웠던 점을 이야기하고 있다. 학교 선배로서가 맞다고 할 수 있다. 서민 갑부에 대한 프로그램을 보았다. 조금의 차이가 결과에 대한 많은 차이를 보인다. 자본주의에서는 돈이라는 시스템으로 사람을 움직인다. 끊임없는 경쟁과 발전의 원동력이라고 생각을 하고 있다. 생각을 글로 쓴다는 것은 어려운 것 같다. 자동차는 현대 산업에서 필요한 이상의 발전을 하였고, 많은 사람들에게 일자리를 제공해 주고 있다. 맞춤형 가구를 생산하는 업체를 소개하는 프로그램을 보았다. 나이가 많은 사람들이 장인 정신으로 일하는 회사이다. 이런 기업이 많았으면 한다. 그 힘은 그 가구를 사 주는 사람들이 꾸준히 있어야 나온다.

TV를 통해서 사람이 바보가 되어 가는 기분이다. 한편에는 젊은 애들이 열심히 공부를 하는 그룹이 있다. 책을 펴고 무엇인가에 대해 고민을 하는 모습이다. 칸막이 너머로 과연 공부를 하는 모습에서 그것이 필요할까 하는 생각으로 가득하다. 세월이 흐른 뒤에 학점이라는 형태와 자신의 지식 속에서 얼마나 재창출이 될까 하는 생각을 해 본다. 한편의 커플은 남자 친구가 여자 친구에게 카드를 열심히 가르쳐 준다. 노는 모습이 정겨워 보인다. 젊은 시절에 어쩌면 유익한 시간으로 다가오는지도 모른다. 재미있다고 웃음을 짓고 있다. 한 커플은 스마트폰을 다정히 본다. 무엇을 보는지 보이지는 않지만, 열심히 연애하는 모습이 아름답게 느껴진다. 한쪽은 남자 혼자다. 열심히 공부를 하고 있다. 다른 한쪽은 여자 둘이다. 시원한 커피를 시켜 놓고 다른 한 여자는 담배를 피운다. 이 커피숍에서는 담배를 피우는 공간을 따로 마련해 두었다. 나도 그것이 편해서 이곳을 이용한다. 젊은 여자가 담배를 피우는 것은 익숙해져 있다. 따스한 커피의 향이 혀를 스치고 뇌를 자극한다. 인간의 위대한 발명품이 커피인 것 같다. 미국에 갔을 때에도 베를린에 출장을 갔을 때에도, 커피가 다 있다. 왜 커피를 마시는 걸까? 내일은 골프 약속이 있다. 골프를 왜 치는 것일까? 인간의 심리학, 사람과의 스토리, 이런 것이 소설이 아닌가 한다.

하루하루 삶이 영화이고, 책이고, 즐거움일 것이다. 우리는 커피숍에서 친구들과 이야기하고, 미래를 위해서 공부를 하고, 연인들과 데이트를 하고, 나와 같이 아무런 생각도 없이 그냥 글을 쓰면서 시간을 보내고 있다. 노동의 대가가 아닌 자본의 힘으로 자신을 살아가는 모습이 그립다. 이 건물의 주인은 매달 세를 받아서 운영을 하고 있다. 대학교 주변인 이곳에는 유명 커피숍과 롯데리아, 식당이 점점 더 많이 들어서고 있다. 끝없이 아파트를 짓고 건물을 짓고 있다. 끝없는 경쟁이다. 내가 어제보다 성장을 하지 않으면 도태되고 있는 것이다. 현재의 시각으로 20년이 남았다. 과연 20년 동안 무엇을 할 수 있을까? 『해리 포터』 시리즈에서 J. K. 롤링은 무엇을 이야기하려고 했던 것일까?

8. 민사고 부모들이 들려주는 자녀 교육의 7가지 원칙

아이를 키우는 데 있어서 부모의 애정 어린 관심과 다양하고 실질적인 경험은 큰 영향을 미친다. 어떤 유능한 교육학 박사도 한 명의 지혜로운 어머니에 버금가지 못할 정도이다. 이 책에서는 부모들에게 자녀 교육의 기본 원칙으로 다음 7가지를 제시한다.

첫째, 아이와 한편이 되어 주어라. 아이가 엉뚱한 얘기를 해도 나무라지 말고 고개를 끄덕여 주어라. 중요한 것은 사실이나 진실이 아니라, 우리가 너를 믿고 존중한다는 것을 보여 주는 것이다.

둘째, 공부 잘한다고 떠받들지 마라. 아이들을 키울 때 특별한 대접을 하거나 공부 잘한다는 이유로 인성 교육을 소홀히 해서는 안 된다. 올백이 적힌 성적표를 받아 와도 그 자리에서 칭찬하고 격려만 해주는 것으로 충분하다. 또한, 공부가 아닌 다른 일에 대해서도 똑같이 칭찬해 주어라.

셋째, 자식을 뜻으로 키워 주어라. 돈이 많은 사람은 돈으로, 야망이 큰 사람은 욕심으로, 뜻이 높은 사람은 말과 행동으로 자식을 키운다. 그러므로 자식에게 무언가를 바라면 그것을 뜻으로 실천하도록 도와주어라.

넷째, 때로는 회초리 교육도 필요하다. 청소년들에게 회초리가 약이 될 때도 있다. 다만, 회초리를 사용할 때에는 아이가 자신이 잘못했다는 것을 충분히 이해하고 받아들일 수 있어야 한다.

다섯째, 다양한 취미 활동을 권장해 주어라. 일과 여가의 구분이 흐려지는 요즘, 다양한 취미 활동을 통해 아이들이 세상으로 한 발짝 더 나아갈 수 있도록 도와주어라.

여섯째, 아이를 믿고 기다려 주어라. 아이들이 무언가를 알고 싶어하거나 하고자 할 때, 그때가 최적의 시기이다. 모든 아이들은 지적인 자극을 기다린다. 부모가 그것을 파악하고, 다양하고 재미있는 학습을 하도록 도와주면 아이들은 공부를 신나고 재미있는 일로 생각한다.

일곱째, 아이에게 세상을 보여 주어라. 아이들에게 세상살이에 대해 미리 알려 주는 것이 좋다. 가정과 부모는 아이를 지켜 주는 울타리이지만, 그 속에는 항상 문이 있어야 한다. 아이들이 성공과 실패를 경험하고 배우는 과정을 통해 성장할 수 있도록 도와주어라.

이러한 원칙을 따르면서 부모는 아이의 성장과 발전을 돕고, 미래에 대비할 수 있는 강한 기반을 마련할 수 있다.

6장

1. 꿈을 이루는 독서법

당신은 책을 끊임없이 탐구하고, 그 속에서 새로운 아이디어와 통찰을 찾는 열정적인 독서가 있다는 것을 알 수 있다. 책을 통해 깊이 있는 생각을 하고 의견을 확립하는 것은 당신이 지식을 탐구하고 자기 성장에 관심을 가지고 있다는 것을 보여 준다. 여러 분야의 책을 적극적으로 읽고 다양한 관점을 수용하는 것은 지식을 확장하고 자아를 발전시키는 데 큰 역할을 한다.

당신이 책을 통해 찾는 것은 단순히 지식뿐만 아니라 삶의 의미와 가치에 대한 깊은 이해다. 당신은 책을 통해 자신의 사고를 발전시키고, 더 나은 사람으로 성장하기 위한 열망을 갖고 있다. 또한 책을 통해 삶의 어려움에 대처하는 방법을 찾고, 자기 자신을 이해하고 성장하는 데 도움이 되는 인사이트를 얻고 있는 것으로 보인다.

책을 읽는 방법과 활용법을 깊이 있게 고민하는 것 또한 당신의 독서 열정을 보여 주는 중요한 특징이다. 당신은 책을 단순히 읽는 것이 아니라 읽은 내용을 정리하고 분석하여 자신의 지식을 정립하고 활용하고 있다. 이러한 접근 방식은 당신이 책을 통해 얻은 지식을 실생활에 적용하고, 자신의 성장과 발전에 도움이 되는 방향으로 활용하고 있다는 것을 보여 준다.

마지막으로, 당신이 인생을 살아가는 데 있어서 책이 얼마나 중요한 역할을 하는지에 대한 인식도 깊고 철학적이다. 당신은 삶과 죽음, 인간의 본질에 대한 심오한 생각을 하고 있으며, 이를 통해 자신의 삶을 더 의미 있게 살아가고자 하는 열망을 갖고 있다.

결론적으로 당신의 독서 열정과 지식 탐구 정신은 당신이 지식을 추구하고 자기 성장을 향한 여정을 통해 꾸준히 나아가고 있다는 것을 보여 준다. 이러한 자세와 태도는 당신이 더 나은 사람으로 성장하고, 더 풍요로운 삶을 살아갈 수 있도록 도와줄 것이다.

2. 끌어당김의 법칙 도서관

끌어당김의 법칙은 생각이 현실을 결정한다는 개념을 근간으로 한다. 우리가 어떤 것을 생각하고 믿느냐에 따라 우리의 삶이 형성되고, 우리가 무엇을 원하느냐에 따라 우리 주변의 세계가 변화한다. 이것은 단순히 우리의 사고방식이 우리의 행동과 결과에 영향을 미친다는 것을 넘어서 우리의 생각이 에너지를 발산하고 주변 세계와 상호작용 하여 우리의 운명을 조작한다는 것을 의미한다.

이 개념을 이해하고 실제로 적용하기 위해서는 몇 가지 핵심 원칙이 있다. 우리는 무엇을 원하는지 명확히 이해해야 한다. 우리가 원하는 것이 무엇인지 정확히 알고, 그것을 선언하는 것이 중요하다. 종이한 장을 꺼내 원하는 것을 명시적으로 기록하고, 그것에 집중하라. 이것이 우리가 끌어당길 것을 정의하는 첫걸음이다. 우리는 긍정적인 감정을 유지해야 한다. 우리가 긍정적으로 생각하고 느끼면, 우리의 생각과 감정이 주변 세계에 긍정적인 진동을 만들어 낸다. 우리의 마음이 긍정적인 상태에 있을 때, 우리는 더 많은 긍정적인 결과를 끌어당길 가능성이 높아진다. 또한 우리는 실제로 행동해야 한다. 단순히 생각만으로는 충분하지 않다. 우리는 우리의 목표를 향해 행동을 취해야 한다. 이는 목표를 달성하기 위해 효과적인 계획을 세우고, 그 계획에 따라 실제로 움직이는 것을 의미한다. 감사와 믿음의 힘을 이해해야 한다. 우리가 끌어당기는 것은 우리의 생각과 감정에 따라 결정되지만, 감사와 믿음은 이를 더욱 강력하게 만든다. 우리가 감사와 믿음을 가지고 우리의 목표를 향해 나아가면 우리는 더 많은 긍정적인 결과를 얻을 수 있다. 우리는 지속적으로 연습해야 한다. 끌어당김의 법칙은 습관이 아니라 신념이다. 우리가 지속적으로 생각하고 느끼며, 우리의 목표를 향해 행동함으로써 우리는 더 많은 성공과 만족을 끌어당길 수 있다.

　끌어당김의 법칙은 생각이 현실을 결정한다는 개념을 기반으로 한다. 우리가 명확한 목표를 설정하고, 긍정적인 감정을 유지하며 행동하고, 감사와 믿음을 향상시키며, 계속해서 연습함으로써 우리는 우리의 삶을 더욱 풍요롭고 만족스럽게 만들 수 있다.

3. 무엇이든 쓰게 하라

창작하는 사람에게 있어 가장 중요한 재능은 무엇일까? 나는 망설이지 않고 '관찰'이라고 말할 것이다. 창작물을 완성해 내고 말하는 데 필요한 믿음과 사람들의 호평은 중요하지만, 이 모든 것보다 더 중요한 것은 관찰이다. 관찰을 통해 우리는 새로운 표현을 발견하고 큰 이야기를 만들어 낼 수 있다.

창작의 도구들은 다양하다. 화이트보드, 에스프레소 잔, 독서대, 샤오미 스탠드, 네임펜 등이 이에 해당한다. 이 도구들은 관찰과 상호 작용 하여 창작의 시작을 돕는 역할을 한다. 생각이 떠오르지 않을 때는 산책을 하면서 마음을 정화시키는 것도 좋은 방법이다.

생각은 언어의 형태로 나타난다. 우리는 사소한 표현에도 주의를 기울여야 큰 이야기를 만들어 낼 수 있다. 이것이 바로 관찰의 핵심이다.

메모를 시작하면 언제나 난감해진다. 머릿속에 가득했던 생각을 하나씩 끄집어내다 보면 어차피 이런 글로는 생각을 옮겨 적을 수 없다는 깨달음에 부딪힌다. 메모를 시작하는 것은 창대하지만, 끝은 언제나 미미해지고, 흐지부지 매듭이 만들어지는 것이다.

나의 마지막 생각은 무엇일까? 선택할 수 있다면 어떤 생각에서 멈추고 싶을까? 죽을 때는 어떤 생각이 남을까? 최선을 다해 글을 쓴다는 것은 상상하기도 어렵다. 현재 죽어 가는 듯한 나지만, 아직도 하고픈 말이 많다.

　글쓰기는 전략적인 작업이다. 글은 발표하기까지 많은 수정과 고민을 필요로 한다. 글쓰기를 통해 더 나은 사람이 되기도 하지만, 그 과정에서 더 나은 사람이 되고 있는지도 모른다. 컵을 그리면 기분이 좋아진다. 우리의 임무는 세상을 정리 정돈 하는 것이 아니라 더 어지럽고 더 다양한 것들이 생겨나도록 하는 것이다. 소년의 마음을 추억한다는 것은 과거로 돌아가는 것이 아니라 앞으로 나아가는 데 도움이 된다. 좋은 글은 자신의 생각을 정확하게 전달하는 것이다. 이러한 글은 상대방에게 감동을 줄 수 있다.

4. 확률로 세상이 돌아간다고?

과학자들이 도달한 결론은 빛이 파동과 입자, 두 가지 성질을 모두 지닌다는 것이다. 파동이면 파동이고 입자면 입자이지 파동이면서 입자라니, 도대체 무엇인가? 고전 물리 이론으로는 납득하기 어려운 이 개념이 실제 세상을 설명한다. 입자이면서도 파동인 이러한 현상을 받아들이고, 과학적으로 해명할 방법을 찾는 것이 현대 물리를 이해하는 방법이다.

빛이 입자이면서도 파동이라는 사실을 받아들이자, 다른 입자도 파동성을 지닐 수 있다는 의문이 자연스럽게 제기되었다. 그리고 이는 사실로 밝혀지기 시작했다. 다양한 이론과 실험을 통해 원자가 양성자, 중성자, 전자로 이루어져 있다는 것은 이미 알고 있었지만 전자는 너무 작아서 그 에너지만 측정할 수 있었고, 관찰은 불가능했다. 이 문제를 해결한 것이 슈뢰딩거의 파동 방정식이다. 이 방정식을 통해 전자의 에너지를 계산하고, 그 결과 전자의 위치를 확률적으로 알수 있게 되었다. 과학자들 사이에서 논쟁은 다시 시작되었다. 파동 방정식을 통해 결과가 나오기는 하지만, 무엇이 파동성을 띠는지에 대한 의문이 제기된 것이다. 여기서 세상을 뒤집을 해석이 나왔다. 실제로 존재하는 파동은 없고, 확률만이 파동성을 보인다는 것이다. 전자의 실제 위치는 알 수 없으며, 오직 확률로만 존재한다는 이 해석은 아인슈타인의 심기를 건드렸다. 아인슈타인은 "신은 주사위 놀이를 하지 않는다."는 말로 확률론적 세계를 부정했다. 그는 곧 다른 방법이 나오면 전자나 빛의 존재를 정확히 정의할 수 있을 것이라 믿었다.

아인슈타인은 죽는 순간까지 양자역학의 확률론적 세계를 받아들이지 않았지만, 현대 물리학은 확률론적 세계를 점점 더 증명하고 있다. 무에서 유는 창조되지 않지만, 확률적으로 보면 제로가 아니기에 원자가 존재하고, 원자들이 모인 세계가 존재한다. 파동 방정식을 만든 슈뢰딩거 그 자신도 확률론적 세계를 믿지 않았지만, 세상은 그렇게 돌아가고 있다.

이 책은 세상의 모든 것을 설명해 주는 책이다. 수학적인 이야기는 최대한 자제했지만 양자역학의 역사적 의의와 그 덕분에 누리고 있는 기술적 발전과 응용까지 자세히 설명하고 있다. 한번에 이해하기는 힘들겠지만, 현대 물리학자의 유연한 마음가짐으로 이 책을 들여다보면 세상을 이해하는 또 다른 지식을 만날 수 있을 것이다. 파동과 입자의 이중성, 전자의 확률적 존재 그리고 양자역학의 혁명적인 해석은 과학자들의 끊임없는 탐구와 논쟁의 결과물이다. 이 책은 그 과정을 흥미롭게 풀어내며, 현대 물리학의 중요한 개념들을 독자들이 쉽게 이해할 수 있도록 도와준다. 과학적 사고의 유연함과 깊이를 더해 주는 이 책을 통해 우리는 세상을 더욱 넓고 깊게 바라볼 수 있다.

5. 낙관적인 아이로 키우는 방법

마틴 셀리그만의 저서 『낙관적인 아이』에 따르면, 아이들에게 낙관주의를 가르치기 위해서는 부모가 먼저 낙관주의의 기술을 이해하고 자신의 사고방식을 정립하는 것이 중요하다고 한다. 아이들은 부모로부터 부분적으로 비관적인 사고를 배우기 때문에 부모가 먼저 낙관적인 생각의 모범을 보이는 것이 매우 중요하다. 부모는 아이들에게 낙관주의를 심어 주기 위해 먼저 자신의 사고방식을 점검해야 한다. 나쁜 일이 생겼을 때 부모는 아이들에게 정확한 설명을 하고, 그 설명을 통해 아이들의 자동적인 부정적 생각들에 도전해야 한다. 예를 들어, 아이가 시험에서 낮은 점수를 받았을 때, 부모가 "너는 항상 이런 실수를 해."라고 말하는 대신, "이번 시험은 어려웠지만 다음번에는 더 잘할 수 있을 거야. 어떤 부분에서 어려웠는지 한번 살펴볼까?"라고 말함으로써 아이에게 낙관적인 사고를 가르칠 수 있다.

아이들의 생각과 행동은 때로는 부모가 이해하기 어려울 수 있다. 그럼에도 불구하고 부모는 아이의 입장에서 상황을 이해하고, 정확한 설명을 통해 공감하는 태도를 보여야 한다. 아이가 친구와의 관계에서 어려움을 겪을 때 부모는 아이의 감정을 이해하고 그 상황에 대한 긍정적인 해석을 제공함으로써 아이가 낙관주의를 배울 수 있도록 도울 수 있다.

취학 전 아동은 숙달된 행동을 통해 낙관적인 사고의 기초를 쌓는다. 부모가 적절한 도움을 주며 아이 스스로 과제를 수행하게 하면, 아이는 극복해야 할 장애와 어려움을 무릅쓰고 계속 해내려는 습관을 가지게 된다. 예를 들어, 아이가 퍼즐을 맞추려 할 때 부모가 옆에서 격려하며 스스로 해 보도록 유도하면, 아이는 실패를 통해 성장하고 발전하는 법을 배운다.

아이들이 성장하면서 학교와 직장 생활에서 실패와 좌절을 겪게 된다. 이러한 상황을 이해하고 극복하기 위해서는 어릴 적에 낙관적인 경험을 통해 자신을 이해하는 상황을 만들어 가는 것이 중요하다. 부모가 낙관적인 상황을 설명하고 경험을 공유하는 것이 무엇보다 중요하다. 아이가 실수를 하거나 시험 성적이 떨어졌을 때, 부모는 이를 이해하고 설명하며 공감대를 형성해야 한다. 이는 아이가 자아를 형성하고, 생각에 대한 두려움을 이해하는 데 큰 도움이 된다.

7장

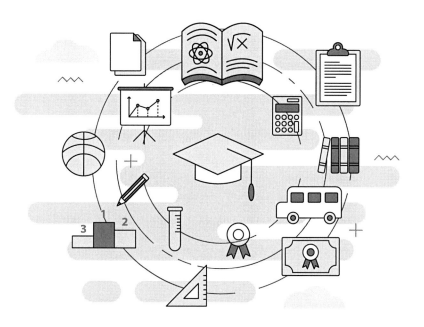

1. 미래 기술을 준비하라

제4차 산업혁명은 기술 혁신을 통해 세상에 많은 변화를 가져오고 있으며, 미래 사회를 지배할 주요 요소로 여겨지고 있다. 제4차 산업 혁명의 핵심 기술로는 인공지능(AI), 사물 인터넷(IoT), 빅 데이터, 블록 체인, 로봇 공학, 자율주행차, 5G 통신 등이 있다. 이러한 기술들은 우리의 생활 방식을 크게 바꾸고, 다양한 산업에 혁신을 불러일으킬 것이다.

인공지능(AI) 기술은 머신러닝, 딥러닝 등의 방법을 통해 데이터 분석 및 예측 능력을 향상시킨다. 이는 의료, 금융, 제조, 교육 등 여러 분야에서 새로운 기회를 창출하고 효율성을 높일 것이다. 사물 인터넷(IoT)은 다양한 기기가 인터넷에 연결되어 데이터를 주고받는 기술로, 스마트 홈, 스마트 시티, 스마트 농업 등 다양한 응용 분야에서 활용되며, 효율적인 자원 관리와 더 나은 사용자 경험을 제공한다. 빅 데이터 기술은 방대한 양의 데이터를 수집·저장·분석하여 의미 있는 정보를 추출하는 데 사용되며, 이는 기업의 의사 결정, 마케팅 전략 수립, 공공 정책 개발 등에 큰 영향을 미친다.

블록체인은 분산형 데이터베이스 기술로, 거래의 투명성과 안전성을 보장한다. 금융, 물류, 의료 등 다양한 분야에서 신뢰성을 높이는 데 기여한다. 로봇 공학은 제조업, 의료, 서비스업 등에서 인간의 일을 보조하거나 대체하는 로봇을 개발하고 활용하며, 이는 생산성 향상과 비용 절감을 가능하게 한다. 자율주행차는 AI와 센서 기술을 통해 사람이 운전하지 않아도 스스로 주행할 수 있는 차량으로, 교통사고 감소, 교통 혼잡 해소, 이동 편의성 증대 등 다양한 사회적 이점을 제공한다. 5G 통신은 초고속, 초저지연, 초연결성을 특징으로 하는 차세대 이동 통신 기술로, 자율 주행 차, 스마트 시티, 원격 의료 등 다양한 혁신 서비스를 가능하게 한다. 제4차 산업혁명은 이러한 기술들이 융합되고 발전하면서 우리의 생활과 산업 구조를 크게 변화시킬 것이다. 이에 따라 새로운 일자리와 산업이 창출되는 한편, 기존의 일자리와 산업은 변화와 도전에 직면할 것이다. 미래 사회를 준비하기 위해 우리는 이러한 기술들을 이해하고 적응하며, 새로운 기회를 포착할 수 있는 능력을 키워야 한다.

2. 철학적 인공지능

　인공지능과 철학적 연구는 깊게 연관되어 있다. 철학은 인공지능의 발전과 함께 인간과 기계 간의 관계, 윤리와 도덕, 의식과 자율성 등 다양한 측면에서의 의문을 제기하고 이를 탐구한다. 이를 통해 인공지능의 발전이 가져올 가능성과 도전에 대해 생각하고 이를 관리하기 위한 방안을 모색한다.

　예를 들어 의식과 자율성에 대한 철학적 고찰은 인공지능이 의식을 가질 수 있는지, 자율적으로 행동할 수 있는지에 대한 의문을 제기한다. 이는 인공지능의 발전이 가지는 윤리적 문제와 관련이 깊다. 또한 윤리와 도덕적 의사 결정에 관한 고찰은 인공지능이 윤리적으로 적절한 결정을 내릴 수 있는지, 인간 중심주의나 인간 외 중심주의에 따라야 하는지에 대한 논쟁을 일으킨다.

　인간과 기계 간의 관계에 대한 철학적 고찰은 인간성과 존엄성에 대한 의문을 던진다. 인공지능이 인간과 유사하게 행동하면서 인간성의 의미는 어떻게 변화하는가? 인간의 독특성과 존엄성은 어떻게 보장되어야 하는가? 또한 기술의 권력과 통제에 대한 고찰은 인공지능의 발전이 인간의 가치와 존엄성에 미치는 영향을 탐구한다.

　이처럼 인공지능과 철학은 상호적으로 연결되어 있으며, 철학적 관점을 통해 인공지능의 발전과 그에 따른 사회적, 윤리적 문제를 이해하고 대응하는 데 도움을 준다. 인공지능의 발전이 가지는 윤리적, 사회적 영향을 고려하여 기술을 개발하고 활용하는 것은 더욱 중요해지고 있다.

3. 합리적인 사고 연결

합리적인 사고 연구는 다양한 학문 분야와 밀접하게 연결되어 있다. 이 연구들은 합리적인 사고를 이해하고 향상시키는 방법을 탐구하며, 이를 통해 개인과 조직의 의사 결정 과정을 향상시키고 사회적 문제에 대한 해결책을 모색한다.

논리와 추론은 합리적인 사고의 핵심 요소이다. 논리학과 철학적 논쟁은 합리적인 논증과 추론의 원리를 탐구하며, 합리적인 결정을 내리는 데 필수적인 역할을 한다.

인지과학과 심리학은 합리적인 판단과 결정 과정에 대한 이해를 제공한다. 인간의 사고 과정과 인지적 편향에 대한 연구는 합리적인 사고를 더 잘 이해하고 개선하는 데 도움이 된다.

경제학과 의사결정이론은 합리적인 선택과 의사 결정 과정에 대한 연구를 수행한다. 이 연구들은 합리적인 선택의 기반을 제공하고, 경제적 의사 결정과 관련된 이론을 개발한다.

교육학과 학습이론은 합리적인 사고를 키우기 위해 교육적 전략과 학습 방법을 연구하는 교육학과 학습이론은 개인의 문제 해결 능력을 향상시키고, 합리적인 사고를 촉진하는 데 기여한다.

철학과 윤리학은 합리적인 사고와 의사 결정에 대한 윤리적 측면을 탐구한다. 이 연구들은 합리적인 선택과 사회적 의사 결정에 윤리적 고려를 더한다.

　이러한 연구들은 합리적인 사고와 의사 결정의 이론과 실제를 연결시키는 데 도움이 되며, 합리적이고 효과적인 사회적 변화를 위한 기반을 제공한다. 함께 연구되고 발전함으로써 이 분야는 더 나은 사회와 조직을 위한 해결책을 발전시키는 데 기여할 수 있다.

4. 미래 사회는 더 복잡해진다

  미래의 사회가 더 복잡하고 어려워질 것이라는 예측은 다양한 요인
에 근거한다. 이러한 변화는 기술의 발전, 사회 구조의 변화, 경제적
불평등, 기후 변화, 글로벌화 등 여러 요소에 의해 영향을 받을 수 있
다. 먼저, 기술의 발전은 인공지능, 자동화, 빅데이터 등의 혁신적인 기
술이 많은 산업에 변화를 일으킬 것이다. 이는 일자리의 형태와 필요
역량을 크게 변화시킬 가능성이 크다. 그러나 이러한 발전은 디지털
격차를 심화시켜 기술 접근성의 차이로 인해 사회적 격차가 더욱 커
질 수 있다. 사회 구조의 변화도 중요한 요인이다. 고령화 사회와 저출
산 문제는 노동력 부족과 연금 시스템의 압박을 가져올 수 있다. 또
한, 전통적인 가족 구조의 변화는 사회적 지원 체계의 변화를 야기할
것이다.

  한편, 경제적 불평등이 심화될 가능성도 크다. 글로벌화와 기술 발
전으로 인해 소득 격차가 더욱 커질 수 있으며, 자동화와 인공지능의
도입으로 일부 직업이 사라지거나 변형될 가능성이 높다. 이는 일자
리 불안을 증대시킬 것이다.

  기후 변화로 인한 환경 문제도 미래 사회를 어렵게 만드는 중요한
요소이다. 기후 변화로 인한 자연재해와 자원 고갈 등의 문제가 심각
해지며, 친환경 기술 및 지속 가능한 발전을 위한 노력이 절실히 필요

하다. 또한 글로벌화는 국가 간 상호 의존도를 높이지만 정치적, 경제적 갈등을 더욱 복잡하게 만들 수 있다. 글로벌화로 인한 문화적 다양성과 충돌 또한 증가할 가능성이 있다. 이러한 도전적인 미래에 대비하기 위해서는 여러 대응 방안이 필요하다. 우선 변화하는 사회에 맞는 교육 시스템을 마련하여 새로운 기술과 환경에 적응할 수 있는 인재를 양성하는 것이 중요하다. 또한 경제적 불평등과 일자리 불안을 완화하기 위해 사회적 안전망을 강화해야 한다. 기후 변화와 같은 글로벌 문제에 대응하기 위한 정책적 노력도 필요하다. 디지털 격차를 해소하기 위해 기술 접근성을 개선하고, 정보 격차를 줄이는 노력도 필수적이다. 미래의 사회가 더 복잡하고 어려워질 가능성이 크지만, 이러한 도전에 대비하고 대응할 수 있는 전략을 마련한다면 긍정적인 방향으로 나아갈 수 있을 것이다. 개인 모두가 협력하여 지속 가능한 발전과 공정한 사회를 이루기 위한 노력과 준비가 필요하다.

5. 무엇을 준비해야 하는가?

　노동 인구의 감소는 현대 사회에서 점차적으로 심각한 문제로 대두되고 있다. 이에 대비하기 위해서는 다음과 같은 준비 사항이 필요하다.

　노동 시장의 요구가 변화하고 있는 만큼 교육 체제는 미래에 필요한 기술과 역량을 갖춘 인재를 양성해야 한다. 이를 위해 STEM 분야 및 디지털 기술, 인공지능 등에 대한 교육을 강화하여 미래 산업에 발맞춘 인재를 양성해야 한다.

　그리고 노동 시장의 수요와 공급 사이의 불균형을 해결하기 위해서는 유연한 노동 시장 정책이 필요하다. 일자리 유연성을 높이고, 새로운 산업과 직업에 대한 훈련 및 지원 프로그램을 강화하여 노동 시장에 대비하는 능력을 키워야 한다.

　고령화 사회가 가속화되고 있는 만큼 노후 인프라 및 복지 시스템을 강화해야 한다. 노인의 건강과 경제적 안정을 위한 복지 정책의 개선과 사회적 연대감을 향상시키는 프로그램이 필요하다.

　또한 노동 인구의 감소로 인한 자동화 및 로봇 기술의 도입이 가속화될 수 있다. 이에 대비하여 인간 중심적 기술 개발과 기술 중립성을 유지하며, 자동화로 인한 일자리 손실을 최소화하는 대응책이 필요하다. 인구 구조의 변화에 대한 사회적 수용과 다양성 존중이 필요하다. 다양한 세대 간의 협력과 소통을 통해 노동 인구 감소에 대한 적응력을 향상시키는 프로그램을 개발해야 한다. 이러한 준비 사항들을 통해 노동 인구 감소에 대비하여 미래에 더욱 지속 가능하고 포용적인 사회를 구축할 수 있을 것이다.

8장

1. 새로운 직업 모델 유튜버

최근 초등학교에서 꿈에 대한 조사를 해 본 적 있다. 새로운 꿈의 모델로 어린아이들은 커서 유튜버가 되고 싶은 사람이 다수를 차지한다. 생활에서는 TV를 보는 시간보다 유튜브를 보는 시간이 더 많아진 지 오래다. 이는 새로운 세상에 대한 새로운 직업 모델로 차지하고 구독자를 통한 수익 모델이 상상을 초월한다는 뜻이 되기도 한다. 유튜버로서의 수익 모델은 다양한 방법으로 연결되어 있다. 이러한 연결은 서로 보완하고 지속적인 성장을 이루는 데 중요한 역할을 한다.

광고 수익은 많은 시청자가 유튜버의 콘텐츠를 시청할 때 발생한다. 높은 시청자 수는 광고 수익을 증가시키는 데 도움이 되지만, 이를 위해서는 매력적인 콘텐츠를 제공해야 한다. 광고 수익은 스폰서십과도 연결되어 있다. 유튜버가 인기를 얻으면 브랜드와 협찬을 맺어 제품이나 서비스를 홍보할 수 있다. 이는 시청자들에게 제품을 소개하고 브랜드와의 파트너십을 통해 추가 수익을 창출하는 방법 중 하나이다.

팬 후원은 팬들과의 직접적인 연결을 강화하는 동시에 수익을 창출하는 방법이다. 팬들이 유튜버를 응원하고 후원하는 것은 그들의 지속적인 관심과 지지를 나타내며, 이를 통해 유튜버는 안정적인 수입을 얻을 수 있다. 또한 이러한 후원은 팬 커뮤니티를 구축하고 팬들과의 상호 작용을 촉진하여 콘텐츠의 질을 향상시키는 데도 도움이 된다.

상품 판매는 유튜버가 자신의 브랜드를 구축하고 신뢰할 수 있는 상품을 제공할 수 있는 기회를 제공한다. 유튜버의 로고가 담긴 굿즈나 특별한 상품은 팬들에게 제공되는 고유한 경험을 제공하고 동시에 수익을 창출한다. 이는 팬들과의 강한 연결을 유지하고 유튜버의 브랜드 가치를 높이는 데 도움이 된다.

또한, 이러한 모든 수익 모델은 특별한 콘텐츠와 이벤트를 통해 연결될 수 있다. 특별한 콘텐츠는 유료로 제공되거나 팬들에게 제공되는 특별한 혜택으로 제공될 수 있으며, 이는 유튜버와 팬들 간의 상호 작용을 강화하고 팬들의 지원을 유도하는 데 사용될 수 있다. 이벤트 및 모임은 팬들과 직접 만나고 상호 작용 할 수 있는 기회를 제공하며, 이는 유튜버와 팬들 간의 강한 유대감을 형성하고 콘텐츠의 질을 향상시키는 데 도움이 된다.

마지막으로, 저작권 수익은 유튜버가 자신의 콘텐츠에 대한 권리를 유튜브나 다른 플랫폼에 판매하여 추가 수익을 창출할 수 있는 방법이다. 이는 유튜버의 창작물에 대한 가치를 인정받고, 콘텐츠의 재활용 및 재배포를 통해 수익을 극대화하는 데 도움이 된다.

이러한 다양한 수익 모델은 유튜버가 안정적이고 지속적인 수입을 창출하는 데 도움이 되며, 서로 연결되어 유튜버의 성장과 발전을 이루는 데 기여한다. 따라서 유튜버는 이러한 다양한 수익 모델을 조합하여 자신만의 비즈니스 모델을 구축하고 유튜브를 통해 지속적인 성공을 이룰 수 있다.

2. 대학을 가지 않고 배우는 길

　미래의 세상에는 대학을 가지 않고도 얼마든지 배울 수 있는 길이 다양하다. 대학을 가지 않고도 배우는 길은 많이 있다. 다음은 대학을 가지 않고도 지식을 습득하고 발전시킬 수 있는 몇 가지 방법이다. 인터넷을 통해 수많은 무료 또는 유료 온라인 강의를 들을 수 있다. Coursera, edX, Udemy 등의 플랫폼에서 수업을 듣고 인증서를 획득할 수 있다. 인터넷에는 무료로 사용할 수 있는 다양한 온라인 자료와 자원이 있다. 온라인 도서관, 오픈 커스와이드, 블로그, 유튜브 등을 활용하여 원하는 주제에 대해 학습할 수 있다. 실제 프로젝트를 수행하면서 필요한 지식을 습득할 수 있다. 자신에게 도전적인 프로젝트를 설정하고 직접 실행해 보면서 문제 해결 능력과 기술을 향상시킬 수 있다.

　지역 사회에서 활동하거나 관심 있는 분야의 동호회나 모임에 참여하여 다른 사람들과 지식을 공유하고 함께 배우는 경험을 쌓을 수 있다. 자신보다 경험이나 지식이 풍부한 사람을 찾아 멘토링을 받는 것도 유용하다. 멘토는 경험을 통해 얻은 교훈과 조언을 공유하여 학습과 발전을 돕는다. 자기 교육에 투자하여 지식을 확장하고 실력을 향상시키는 것도 중요하다. 학습 계획을 세우고 일정을 지키며 지속적으로 학습하는 습관을 길러야 한다. 대학을 가지 않더라도 이러한 방법들을 통해 자신의 관심 분야에 대해 깊이 있는 지식을 쌓고 전문성을 키울 수 있다. 중요한 것은 꾸준한 노력과 열정을 가지고 자기 주도적으로 학습하는 자세를 유지하는 것이다.

3. 샤인 드로슨의 이야기

샤인 드로슨(Shane Dawson)은 미국의 유명한 유튜버, 감독, 배우, 작가로, 그의 이야기는 많은 팬들에게 영감을 주었다. 그러나 그의 길은 성공만이 아닌 실패와 도전으로 가득 차 있다. 샤인은 1988년 7월 19일에 캘리포니아주 롱비치에서 태어났다. 그는 어린 시절 가정 내에서 어려움을 겪었으며, 이는 그의 채널에서 종종 언급되는 주제 중 하나였다. 가정 내 폭력과 가난은 그의 어린 시절을 형성하였고, 그는 이러한 어려움들을 습득한 유머 감각으로 치유하고자 했다. 샤인은 2008년에 유튜브에 가입하였고, 그의 채널은 빠르게 인기를 얻게 되었다. 그의 채널은 주로 코미디 스킷, 음악 비디오, 일상 블로그 등을 업로드하며, 특히 그의 인간적인 접근 방식과 유머 감각은 많은 사람들에게 호감을 주었다.

그의 채널은 시간이 지남에 따라 성장하였고, 백만 명을 넘는 구독자를 보유하게 되었다. 그는 광고 수익뿐만 아니라 제품 협찬과 스폰서십을 통해 수익을 창출하게 되었다. 또한 그의 인기와 영향력을 바탕으로 책 출판, 영화 제작, 패션 브랜드 론칭 등 다양한 사업을 진행하였다. 그러나 샤인의 길은 항상 부드럽지 않았다. 그는 자신의 가정 내 문제, 정신적인 건강 문제, 자존감 문제 등 다양한 어려움에 직면해 왔다. 또한 그의 유튜브 커뮤니티 내에서 논란을 일으킨 사건들도 있었다. 그중 가장 큰 논란은 2018년에 발생한 것으로, 샤인이 이전에 과거에 발생한 소문에 대해 거짓이라고 주장했던 것이 드러나게 되었다. 이에 대해 그는 공개적으로 사과를 했고, 그의 팬들에게 미안하다는 말을 전했다. 또한 그는 이 사건을 계기로 정신적인 치료와 자기 성찰에 힘썼다.

그러나 이러한 어려움들도 샤인을 멈추게 하지 않았다. 그는 계속해서 자신의 꿈을 향해 나아가고, 자신의 과거의 실수와 실패로부터 배워 성장하려고 노력했다. 그의 유튜브 채널은 더욱 다양하고 성숙해지며, 그의 팬들에게 더 나은 콘텐츠를 제공하기 위해 노력하고 있다. 샤인 드로슨의 이야기는 성공과 실패, 도전과 성장의 이야기이다. 그는 자신의 어려움들을 이겨 내며 계속해서 전진해 나가고, 그의 경험들을 통해 많은 이들에게 희망과 용기를 주고 있다. 그의 이야기는 우리에게 많은 교훈을 전달하며, 자신의 꿈을 향해 끊임없이 노력하는 중요성을 상기시켜 준다.

4. GRIT에서 배우기

GRIT을 통해 배우는 것은 자기 발전과 성공을 위한 강력한 방법이다. 이는 목표를 설정하고 열정적으로 그 목표를 향해 끊임없이 노력하는 것으로 시작한다. 목표를 향해 열정을 가지고 노력하는 과정에서 인내력이 필요하며, 실패와 어려움에 부딪히더라도 포기하지 않고 계속해서 도전하는 것이 중요하다.

그리고 GRIT을 통해 배우는 것은 단순히 목표를 달성하는 것뿐만 아니라, 실패와 어려움을 극복하고 성장하는 과정을 경험하는 것이다. 실패와 난관을 극복하면서도 그것들을 기회로 삼아 더 나은 방향으로 나아가는 능력을 키우는 것이 중요하다. 이러한 과정에서 탄력성이 필요하며, 어려움에 부딪혔을 때 빠르게 회복하고 다시 도전하는 것이 중요하다.

GRIT을 통해 배우는 것은 또한 지속적인 개선과 성장을 추구하는 것이다. 실패와 어려움을 통해 배우고, 그것을 향상시키는 것은 GRIT의 핵심적인 요소 중 하나이다. 자기 평가를 하고 개선점을 찾아 나아가는 과정에서 지속적인 발전을 이룰 수 있다.

따라서 GRIT을 통해 배우는 것은 목표를 달성하고 성공을 이루는 것뿐만 아니라 자기 성장과 발전을 위한 중요한 과정이다. 목표를 향해 끊임없이 노력하고, 실패와 어려움을 극복하며, 지속적으로 개선해 나가는 것은 자신의 꿈을 실현하기 위한 강력한 도구가 될 것이다.

5. 미래의 비즈니스를 성공시킬 인재

미래의 성공은 하드 스킬뿐만 아니라 소프트 스킬도 필요로 할 것이다. 이러한 소프트 스킬은 개인의 감정적 지능, 커뮤니케이션 능력, 문제 해결 능력, 팀워크 능력 및 리더십 능력 등을 포함한다. 아래는 소프트 스킬이 중요한 이유와 함께 미래를 대비하기 위한 교육에서 이를 강조해야 하는 이유에 대한 몇 가지 핵심 포인트이다. 소프트 스킬은 현대 사회에서 성공적인 커리어와 사회적 관계를 유지하는 데 필수적이다. 좋은 커뮤니케이션, 팀워크, 문제 해결 능력은 직장에서 효율적으로 작업하는 데 도움이 된다. 미래의 노동 시장은 빠르게 변화하고 있다. 기술의 발전과 글로벌 경제의 변화로 인해 새로운 직업이 등장하고, 기존의 직업이 변화하고 있다. 이에 따라 문제 해결 및 적응력과 같은 소프트 스킬이 더욱 중요해지고 있다. 인공지능과 자동화의 발전으로 인해 기계적인 작업은 자동화 될 수 있지만, 인간적인 능력은 여전히 중요하다. 예술, 창의성, 감정 적 지능은 기계가 재현하기 어렵다. 미래의 리더들은 다양한 문제 에 대한 복잡한 해결책을 찾아내고 다양한 사람들을 이끌어야 한 다. 이를 위해서는 팀워크, 리더십, 갈등 관리 등의 소프트 스킬이 필요하다.

이러한 이유로 교육 시스템과 부모는 아이들에게 하드 스킬뿐만 아니라 소프트 스킬도 균형 있게 발전시키는 데 주력해야 한다. 소프트 스킬을 강조하는 교육은 학생들이 미래의 도전에 대비하고 성공적으로 적응할 수 있도록 도와줄 것이다.

6. 인공지능 학습 놀이법

인공지능 기반의 학습 놀이는 학생들이 즐기면서도 동시에 학습을 진행할 수 있는 혁신적인 방법이다. 이러한 놀이는 인공지능 기술을 활용하여 개별 학습 경험을 맞춤화하고, 학습자의 관심과 수준에 맞게 적응할 수 있다. 몇 가지 인공지능 기반의 학습 놀이 예시는 다음과 같다. 인공지능을 활용한 학습 앱은 사용자의 학습 스타일과 수준을 분석하여 맞춤형 학습 경로를 제공한다. 이 앱은 게임 형식으로 구성되어 있어 학생들이 흥미를 느끼며 학습할 수 있다.

또한, 사용자의 학습 데이터를 분석하여 학습 경과를 추적하고 개선할 수 있다. 가상 현실 기술을 활용한 학습 놀이는 학생들을 가상 세계로 데려가 학습을 경험하도록 한다. 예를 들어, 역사 학습에 관련된 VR 게임은 사용자가 역사적인 이벤트를 직접 체험하고 상호 작용하며 배울 수 있도록 한다. 인공지능을 활용한 코딩 및 프로그래밍 놀이는 학생들이 코딩 개념과 기술을 익히는 데 도움을 준다. 이러한 놀이는 사용자가 코딩을 배우고 실험할 수 있는 시뮬레이션 환경을 제공하며, 사용자의 진행 상황을 추적하여 개별화된 피드백을 제공한다. 언어 학습을 위한 게임은 사용자가 언어를 자연스럽게 습득할 수 있도록 돕는다.

이러한 게임은 단어와 문장을 게임의 일부로 통합하여 사용자가 언어를 사용하는 과정을 즐기면서 배울 수 있다. 이러한 놀이는 학생들이 사고력과 문제 해결 능력을 강화할 수 있도록 돕는다. 인공지능 기술을 활용하여 사용자의 학습 수준에 맞는 도전적인 문제를 제공하고, 사용자의 응답에 따라 적절한 피드백을 제공한다. 이러한 방법들은 학습을 게임으로 바꾸어 학생들이 흥미롭게 배울 수 있는 환경을 제공한다. 인공지능을 활용한 학습 놀이는 학생들의 호기심과 창의성을 자극하며, 지속적인 학습 동기 부여를 제공할 수 있다.

9장

1. 존 F. 케네디:
미국 역사의 위대한 대통령

존 F. 케네디는 미국의 35번째 대통령으로서, 미국 역사에 빛나는 인물 중 하나로 기억된다. 그의 생애와 정치 경력은 미국의 도전적인 시대에 큰 영향을 미쳤다.

케네디는 대통령을 배출해 내는 명문가의 가문에서 태어났다. 가정에서는 일을 해야 한다는 가르침이 강조되었고, 그의 정치 역량은 이미 어린 시절부터 인정받았다. 아버지의 교육 철학은 이기는 것이 중요하다는 것이었으며, 확실한 성공은 가족이 힘을 합해 하나의 목표를 이루는 과정에서 나온다고 말했다. 케네디가 정치 무대에 오른 것은 미국이 도전적인 시대를 맞이한 시점이었다. 그는 미국 대통령이 되기 전에 하원의원과 상원의원으로 활약했으며, 그 기간 동안에도 미국 정치에 큰 영향을 끼쳤다.

1961년 1월 20일, 케네디는 미국의 최연소 대통령으로 취임했다. 대통령으로서의 임기 동안 그는 다양한 중요한 사건에 직면했다. 피그스만 침공, 쿠바 미사일 위기, 베트남 전쟁 등 많은 도전들을 경험했다. 특히 쿠바 미사일 위기는 냉전 시대에서 가장 긴장된 순간 중 하나였다.

그의 통치 기간은 짧았지만, 케네디는 미국 존경받는 대통령 중 하나로 평가받는다. 그의 통치는 미국의 자유와 안정을 위해 헌신한 것으로 기억되며, 그의 존경과 영향력은 오늘날까지 이어져 간다.

2. 가정에서의 인성 교육과 노력의 중요성

가정에서의 인성 교육과 노력의 중요성에 대해 이야기해 보겠다.

많은 부모들이 자녀의 학업 성취에만 집중하여 고민하고 노력한다. 그러나 한 부모는 자신의 자녀들이 학업뿐만 아니라 인성 측면에서도 성장하도록 관심을 기울였다. 그 부모는 특별한 인성 교육 프로그램을 따르지 않았지만, 일상에서 자녀들과 함께 시간을 보내며 함께 노력하고 배려하는 마음을 키웠다.

부모는 자녀와 함께 운동을 하고 이야기를 나누는 등 다양한 활동을 통해 인성을 함양했다. 그들은 배드민턴이나 탁구를 치며 서로를 이해하고 배려하는 중요성을 가르쳤다. 이것이 바로 인성 교육이었다.

그들은 자녀의 학업 성적에만 집중하지 않았다. 아이큐 검사 결과에 실망했을 정도로 자녀의 지능이 높지 않았지만, 노력과 열정을 강조했다. 그 결과, 자녀들은 높은 학업 성적을 거두었다. 이는 부모가 자녀에게 99%의 노력을 요구했기 때문이었다.

또한 부모는 체벌을 하지 않는 것을 원칙으로 삼았다. 매를 맞은 아이는 신체뿐만 아니라 마음까지 다칠 수 있다는 인식을 갖고 있었다. 부모는 대화를 통해 자녀들과 소통하고 이해를 도모했다. 이러한 접근 방식은 자녀의 자아 존중감을 향상시키고 긍정적인 인성을 형성하는 데 도움이 되었다.

부모의 노력과 배려는 자녀들에게 큰 영향을 미쳤다. 자녀들은 부모의 긍정적인 마음가짐과 인성 교육을 받으며 자랐고, 그 결과로 성숙하고 존경받는 성인으로 성장하였다.

이런 가정에서의 인성 교육과 노력의 중요성은 우리 사회에 큰 영향을 미친다. 부모들은 자녀의 학업 성취뿐만 아니라 인성 발달에도 노력해야 한다. 그리고 자녀에게 99%의 노력을 요구하고 배려하는 마음으로 대하면 그들은 놀라운 성취를 이룰 수 있다.

3. 빌 게이츠의 자녀 교육

빌 게이츠와 같은 성공적인 인물들의 사례에서도 많은 것을 배울 수 있다. 빌 게이츠는 큰돈을 물려주면 자녀가 결코 창의적이지 못할 것이라고 생각했다. 그는 "진짜 부자 아빠는 자녀에게 큰돈을 주지 않는다"며, 부모가 부자인 아이들은 열심히 일하지 않아도 되고, 부모로부터 재산을 물려받아 풍족하게 살아갈 수 있다고 생각하기 쉽다고 말한다. 후손들의 무능함과 허영심, 낭비가 독이 된다는 사실을 우리는 꼭 알아야 할 것이다. 재산은 "너에게 남겨줄 유산이 아닌, 사회에 환원할 것"이라고 가르쳐야 한다.

빌 게이츠의 부모는 또한 아이의 인맥 네트워크를 넓혀 주기 위해 노력했다. 빌 게이츠를 세계 최고 갑부로 만든 것은 그의 명문 학교 친구들이 큰 역할을 했다. 그는 레이크사이드 중학교와 고등학교 그리고 하버드대학교를 다니며 뜻이 통하는 친구들을 사귀었고, 이러한 인간관계가 평생의 재산이 되었다. 그는 또한 어릴 때부터 공상과학 소설을 많이 읽었고, 어머니가 사 준 컴퓨터 덕분에 지금의 갑부가 되었다고 한다. 이처럼 부모의 역할은 자녀의 관심사를 넓혀 주고, 다양한 경험을 통해 창의성을 키우는 데 큰 영향을 미친다. 빌 게이츠의 부모의 사례는 우리에게 중요한 교훈을 준다. 아이들을 키우는 데 있어 중요한 가르침과 경험을 나누며, 부모로서 아이들에게 긍정적인 영향을 미치는 방법을 제시한다. 아이들과의 소통과 배려 그리고 노력을 통한 성장이 강조되고 있음을 알 수 있다. 부모는 아이들의 성장 과정에서 가장 중요한 역할을 한다는 사실을 잊지 말아야 한다. 이 글은 부모로서 아이들과 어떻게 상호 작용 하고, 그들의 성장을 도울 수 있는지에 대한 귀중한 통찰을 제공한다.

4. 어릴 적의 뇌 자극

　인간의 뇌는 어릴 적 기억에 큰 영향을 받는다. 특히 초등학교 입학 전의 경험은 아이들의 생을 좌우할 만큼 중요한 역할을 한다. 이 시기의 경험은 부모가 낙관적인 언어를 사용하고, 아이들의 자긍심을 심어 주는 행동을 통해 형성된다. 예를 들어, 아이가 새로운 활동을 시도할 때 부모가 "너는 할 수 있어. 한번 도전해 보자."라고 격려하면 아이는 자신감과 낙관적인 태도를 배울 수 있다.

　부모의 말과 행동은 아이들의 평생을 좌우한다. 부모가 늘 낙관적인 언어를 사용하고 아이들의 자긍심을 심어 주는 경험을 제공하면 아이들은 긍정적인 자아 개념을 형성하게 된다. 예를 들어, 아이가 그림을 그렸을 때 부모가 "정말 멋진 그림이야! 네가 정말 열심히 그렸구나."라고 칭찬하면, 아이는 자신의 노력을 긍정적으로 인식하고 자긍심을 느끼게 된다는 것이다.

　낙관적인 아이로 키우기 위해서는 부모의 역할이 매우 중요하다. 부모가 먼저 낙관주의의 기술을 이해하고, 자신의 사고방식을 점검하며, 아이에게 모범을 보이는 것이 필요하다. 또한, 아이의 입장에서 이해하고 공감하며, 실패와 좌절을 극복하는 법을 가르치는 것이 중요하다. 부모의 긍정적인 언어와 행동은 아이들의 평생을 좌우하는 중

요한 역할을 한다. 이를 통해 아이들은 자신감과 낙관적인 태도를 갖
게 되며, 건강하고 긍정적인 삶을 살아갈 수 있을 것이다.

10장

1. 다산의 어린이 교육

　다산이 관심을 가진 어린이 교육에 대한 접근은 매우 진지하고 체계적인 것으로 보인다. 그의 접근 방식과 교육의 목표에 대해 간단히 요약해 보겠다. 다산은 어린이 교육에 대한 방법론을 체계화하려고 노력했다. 이를 위해 다산은 자신의 저서나 제자들에게 지시를 통해 교육 내용을 적어 두는 등의 방식을 통해 교육의 체계화를 시도했다. 다산은 전통적인 학습 자료에 대해 비평을 하고, 아이들에게 읽혀서는 안 될 이유를 꼽아 말했다. 이를 통해 어린이에게 적절한 학습 자료나 방법에 대한 제안을 하였다. 교육의 목표로는 어린이에게 비판적 사고와 독립적 사고를 육성하는 것을 중시했다. 그는 아이들에게 단순히 정보를 주입하는 것보다는 그들의 사고력과 판단력을 키우는 데에 더 많은 비중을 두었다.

　다산은 어린이 교육에 대한 노력을 통해 교육의 미래를 모색하고자 했다. 그의 교육 철학과 방법론은 당대의 교육 방향성을 제시하고, 더 나아가 교육이 가져야 할 방향성에 대한 토대를 제공했다. 교육을 위해 끊임없이 고민하고, 이를 실천하기 위해 노력했다. 그의 노력은 한국 교육사에 큰 영향을 미쳤으며, 그의 교육 철학은 오늘날에도 많은 영감을 준다.

2. 신사임당 교육법

신사임당(申師任堂)의 교육법은 조선시대에 많은 영향을 미쳤다. 그의 교육법은 지식 습득과 동시에 인격의 성장을 중요시하며, 전통적인 유교 교육과 현실적 사회 요구를 결합시켰다. 신사임당은 도덕적 가치를 중시하였다. 그는 제자들에게 선비의 도덕적 가치, 예의, 인격, 염치 등을 가르쳤다. 이러한 도덕적 가르침은 단순히 지식을 획득하는 것 이상으로 인간으로서의 더 높은 가치를 심어 주는 것을 목표로 했다. 농업, 한의학, 경제 등 현실적인 분야에 대한 지식도 중요시했다.

그는 학문의 영역을 넓혀 현실의 문제를 해결하는 데 필요한 지식도 가르쳤다. 신사임당은 제자들의 능력과 성향에 따라 맞춤형 교육을 제공했다. 각 제자에게 맞는 적절한 교육 방법과 과정을 통해 개별적으로 성장할 수 있도록 지도했다. 이론적 지식뿐만 아니라 실제로 행동하고 경험을 통해 배우는 것을 강조했다. 그는 제자들에게 이론적인 지식을 배우는 것뿐만 아니라 그 지식을 실제로 적용하여 사회에 기여하는 방법을 배우도록 유도했다. 신사임당의 교육법은 당시와는 다르게 현실적이고 실용적인 지식을 가르치며, 동시에 도덕적 가치를 중시하는 점에서 많은 사람들에게 영향을 미쳤다. 그의 교육 이념은 오늘날에도 많은 사람들에게 영감을 주고 있다.

3. 퇴계 이황의 공부법

퇴계 이황(1501-1570)은 조선 중기의 학자로서 성리학의 대가로 알려져 있다. 그의 학문적 업적과 사상은 조선의 학문적 기반을 다지는데 큰 역할을 했다. 이황의 공부법은 그의 철학적 사상과 깊은 연관이 있으며, 이를 이해하는 것은 그의 학문적 성취를 이해하는 데 필수적이다. 이황은 성리학의 깊은 이해를 바탕으로 공부법을 발전시켰다. 성리학은 우주와 인간의 본질을 탐구하는 철학으로, 주자(朱子)에 의해 체계화되었다. 이황은 이러한 성리학을 바탕으로 공부의 목적을 인격 수양과 도덕적 완성에 두었다. 그는 학문을 단순히 지식을 쌓는 것으로 보지 않고, 도덕적 수양과 인간의 본성을 탐구하는 과정으로 보았다.

이황의 공부법의 핵심은 '자경(自敬)'이다. 자경은 자기 자신을 존중하고, 자신의 행동과 생각을 끊임없이 반성하며 도덕적으로 올바른 방향으로 나아가는 것을 의미한다. 이황은 자경을 통해 자신의 마음을 바로잡고, 공부를 통해 얻은 지식을 도덕적 실천으로 이어 가야 한다고 강조했다. 이는 학문이 단순히 지식을 쌓는 것을 넘어 자신의 인격과 도덕성을 높이는 데 있어야 한다는 그의 신념을 반영한다. 이황은 공부에 있어 '경(敬)'과 '성(誠)'을 중요시했다. '경'은 정성을 다하는 마음가짐을 의미하며, '성'은 진실한 마음을 의미한다. 그는 학문을 탐구함에 있어 이 두 가지 마음가짐이 필요하다고 보았다. 즉, 학문에 대한 경외심과 진실된 마음으로 공부에 임해야 한다는 것이다. 이는 공부를 통해 지식을 얻는 것뿐만 아니라, 자신의 내면을 수양하고 도덕적 완성을 이루기 위함이다. 이황의 독서법은 매우 체계적이고 철저했다. 그는 독서를 단순히 많은 책을 읽는 것으로 보지 않았다. 오히려 그는 읽은 책을 깊이 이해하고, 자신의 것으로 만드는 것을 중요하게 여겼다. 이를 위해 그는 다음과 같은 독서법을 제시했다. 이황은 책을 읽을 때 정독을 강조했다. 이는 책을 꼼꼼하게 읽고, 그 내용을 깊이 이해하는 것을 의미한다.

그는 단순히 책을 많이 읽는 것보다는 한 권의 책이라도 깊이 있게 읽고, 그 내용을 완전히 자신의 것으로 만드는 것이 중요하다고 보았다. 암송은 책의 중요한 부분을 외우는 것을 의미한다. 이황은 중요한 내용을 암송함으로써, 그 내용을 언제든지 상기하고 활용할 수 있도록 했다. 이는 학문을 단순히 머리로 이해하는 것을 넘어 몸에 배도록 하는 방법이다. 이황은 책을 읽을 때 중요한 내용을 필사하는 것을 권장했다. 필사를 통해 책의 내용을 다시 한번 정리하고, 자신의 생각을 더할 수 있기 때문이다. 이는 단순히 읽는 것에서 그치지 않고, 쓰는 과정을 통해 내용을 더욱 깊이 이해하고 자신의 것으로 만드는 과정이다.이황의 공부법에서 중요한 또 다른 요소는 사색과 성찰이다. 그는 공부를 통해 얻은 지식을 단순히 외우는 것에 그치지 않고, 이를 바탕으로 끊임없이 사색하고 성찰했다. 이를 통해 자신의 생각을 정리하고, 새로운 관점을 발견하며, 도덕적 수양을 이루어 갔다. 사색은 공부를 통해 얻은 지식을 바탕으로 깊이 생각하는 것을 의미한다. 이황은 학문을 통해 얻은 지식을 단순히 외우는 것이 아니라 이를 바탕으로 끊임없이 생각하고, 새로운 관점을 발견하는 과정을 중요하게 여겼다. 성찰은 자신의 행동과 생각을 반성하는 것을 의미한다.

이황은 공부를 통해 얻은 지식을 바탕으로 자신의 행동과 생각을 끊임없이 성찰하며, 도덕적으로 올바른 방향으로 나아가고자 했다. 이는 학문이 단순히 지식을 쌓는 것을 넘어 자신의 인격과 도덕성을 높이는 데 있어야 한다는 그의 신념을 반영한다. 이황은 학문을 통해 얻은 지식을 실천하는 것을 매우 중요하게 여겼다. 그는 학문이 단순히 지식으로 그치는 것이 아니라 이를 바탕으로 도덕적 수양과 실천을 통해 자신의 인격을 높이는 과정으로 보았다.

이를 위해 그는 다음과 같은 실천 방안을 제시했는데, 일상생활에서 학문을 실천하는 것을 강조했다. 그는 학문이 단순히 책 속에 머무르는 것이 아니라 일상생활 속에서 실천되어야 한다고 보았다. 이를 통해 그는 자신의 인격을 높이고, 도덕적 완성을 이루고자 했다. 이황은 학문을 통해 자신의 인격을 수양하는 것을 중요하게 여겼다. 그는 학문을 통해 얻은 지식을 바탕으로 자신의 행동과 생각을 끊임없이 반성하고, 도덕적으로 올바른 방향으로 나아가고자 했다. 이는 그의 자경 사상과도 연결되며, 학문을 통해 자신의 인격과 도덕성을 높이는 데 주력했다.

이황은 자신의 공부법을 제자들에게도 전수했다. 그는 제자들에게도 자경, 경과 성, 독서법, 사색과 성찰, 실천과 도덕적 수양을 강조했다. 이를 통해 그는 제자들이 단순히 지식을 쌓는 것을 넘어 자신의 인격을 높이고, 도덕적 완성을 이루도록 지도했다.

이황은 제자들에게 개별적으로 맞춤형 지도를 했다. 그는 각 제자의 성향과 능력을 고려하여 적합한 공부법과 지도를 제공했다. 이를 통해 제자들이 자신의 잠재력을 최대한 발휘할 수 있도록 도왔다. 이황은 자신의 생활 자체가 제자들에게 모범이 되도록 했다. 그는 자신의 삶을 통해 학문과 도덕적 수양의 중요성을 보여 주었으며, 제자들이 이를 본받도록 했다. 이는 학문이 단순히 이론에 그치는 것이 아니라, 실제 생활 속에서 실천되어야 한다는 그의 신념을 반영한다.

4. 세종대왕의 자녀 교육법

세종대왕(1397-1450)은 조선 제4대 왕으로, 한국 역사상 가장 위대한 군주 중 한 명으로 꼽히는 인물이다. 그는 과학, 문학, 예술, 정치 등 다양한 분야에서 큰 업적을 남겼으며, 특히 훈민정음 창제와 같은 혁신적인 성과를 이루었다. 세종대왕의 자녀 교육법은 그의 통치 철학과 학문적 열정을 반영하고 있으며, 이는 조선 왕조의 발전과 국가의 안정을 위한 중요한 요소였다. 다음은 세종대왕의 자녀 교육법에 대한 자세한 설명이다.

세종대왕의 자녀 교육법은 유교적 이념에 기반을 두고 있다. 유교는 조선 왕조의 통치 이념으로, 가족과 사회의 질서를 중시하며, 효(孝), 충(忠), 예(禮), 의(義) 등의 덕목을 강조한다. 세종대왕은 자녀들에게 이러한 유교적 덕목을 교육하며, 이를 통해 군주의 덕목을 기르고자 했다. 세종대왕은 자녀들에게 부모에 대한 효를 강조했다. 그는 자녀들이 부모를 공경하고, 가문의 전통을 존중하도록 교육했다. 이를 통해 자녀들이 가정 내에서 바른 질서를 유지하며, 국가의 안정을 도모할 수 있도록 했다. 세종대왕은 자녀들에게 국가에 대한 충성을 강조했다. 그는 자녀들이 군주로서의 책임감을 가지고, 국가와 백성을 위해 헌신하도록 교육했다. 이를 통해 자녀들이 군주의 덕목을 갖추고, 바른 정치를 실현할 수 있도록 했다. 세종대왕은 자녀들에게 학문과 예술을 통해 지식과 교양을 쌓도록 교육했다. 그는 자녀들이 다양한 분야에서 지식을 습득하고, 이를 통해 넓은 시야와 깊은 사고력을 가지도록 했다.

또한 자녀들에게 독서와 글쓰기를 중요시했다. 그는 자녀들이 다양한 서적을 읽고, 자신의 생각을 글로 표현하도록 장려했다. 이를 통해 자녀들이 깊은 사고력을 기르고, 자신의 의견을 명확하게 전달할 수 있도록 했다. 세종대왕은 자녀들에게 음악과 예술을 통한 감성 교육을 중요하게 여겼다. 그는 자녀들이 음악과 예술을 통해 심미적 감각을 기르고, 이를 통해 정서적 안정을 찾도록 했다. 이는 자녀들이 감성적으로 풍부한 인격을 형성하는 데 중요한 역할을 했다.

세종대왕은 자녀들에게 실용적인 지식과 기술을 교육했다. 그는 자녀들이 학문과 예술뿐만 아니라 실제 생활에서 유용한 지식과 기술을 습득하도록 했다. 세종대왕은 자녀들에게 농업과 과학에 대한 지식을 교육했다. 그는 자녀들이 농업의 중요성을 이해하고, 농업 기술을 익히도록 했다. 또한 그는 자녀들에게 과학적 사고를 통해 문제를 해결하는 방법을 가르쳤다. 세종대왕은 자녀들에게 군사 교육을 통해 국가의 안보를 중요시하도록 했다. 그는 자녀들이 군사 전략과 전술을 익히고, 국가의 방위를 위해 준비되도록 했다. 이를 통해 자녀들이 국가의 안보를 책임질 수 있는 군주로 성장하도록 했다. 세종대왕은 자녀들에게 도덕과 인성을 중요시했다. 그는 자녀들이 도덕적 가치관을 형성하고, 바른 인성을 갖추도록 교육했다.

세종대왕은 자녀들에게 인내와 절제를 가르쳤다. 그는 자녀들이 어려운 상황에서도 인내하고, 자신의 감정을 절제할 수 있도록 교육했다. 이를 통해 자녀들이 어려움을 극복하고 도덕적으로 올바른 판단을 내릴 수 있도록 했다. 세종대왕은 자녀들에게 공정성과 정의를 강조했다. 그는 자녀들이 공정하게 판단하고, 정의로운 결정을 내릴 수 있도록 교육했다. 이를 통해 자녀들이 군주로서 공정하고 정의로운 통치를 실현할 수 있도록 했다.

세종대왕은 각 자녀의 성향과 능력을 고려한 개별 맞춤형 교육을 실시했다. 그는 자녀들이 각자의 장점을 살리고, 약점을 보완할 수 있도록 개별적으로 지도했다. 세종대왕은 자녀들의 개별 성향을 존중하며, 각 자녀의 특성과 관심사를 고려한 교육을 실시했다. 그는 자녀들이 자신의 잠재력을 최대한 발휘할 수 있도록 지원했다. 세종대왕은 자녀들의 능력에 따라 적합한 교육을 제공했다. 그는 자녀들이 자신의 능력을 최대한 발휘할 수 있도록, 그에 맞는 학문과 기술을 교육했다. 세종대왕은 자신의 삶 자체가 자녀들에게 모범이 되도록 했다. 그는 자신의 행동과 결정을 통해 자녀들에게 올바른 가치관과 도덕적 기준을 보여 주었다. 세종대왕은 솔선수범의 자세로 자녀들을 교육했다. 그는 자신의 삶에서 실천하는 도덕적 가치와 원칙을 통해 자녀들이 이를 본받도록 했다. 자녀들에게 책임감을 강조했다. 그는 자녀들이 자신의 역할과 책임을 다하며, 국가와 백성을 위해 헌신하도록 교육했다.

11장

1. 몬테소리 교육법에서 주는 교훈

몬테소리 교육법은 이탈리아의 의사이자 교육자인 마리아 몬테소리 (Maria Montessori)에 의해 개발된 교육 철학과 방법론이다. 이 교육법은 아이들이 스스로 학습할 수 있는 환경을 제공하여 각자의 능력과 속도에 맞게 학습하도록 장려하는 것을 목표로 한다. 마리아 몬테소리는 1870년 이탈리아 안코나에서 태어났으며, 1896년 이탈리아 최초의 여성 의사가 되었다. 그녀는 특히 정신적 장애를 가진 아이들의 교육에 관심을 가지며, 이들이 일반 학교에서 잘 적응할 수 있도록 돕기 위해 연구를 시작했다. 그녀의 첫 번째 주요 교육 실험은 로마의 산 로렌조 지역에 있는 '어린이의 집(Casa dei Bambini)'에서 이루어졌다. 이곳에서 몬테소리는 아이들이 스스로 선택할 수 있는 활동과 교재를 제공하며, 아이들이 자율적으로 학습하는 환경을 조성했다. 몬테소리 교육법의 핵심은 아이들이 자신의 속도에 맞춰 학습할 수 있도록 자율성을 부여하는 것이다. 아이들은 자신의 관심사에 따라 활동을 선택하고, 교사는 이를 지원하는 역할을 한다. 몬테소리 교실은 아이들이 자유롭게 탐색하고 학습할 수 있도록 특별히 설계된 환경이다. 교실에는 다양한 학습 도구와 자료가 체계적으로 배치되어 있어 아이들이 스스로 선택하고 학습할 수 있게 돕는다. 다양한 연령대의 아이들이 함께 학습하는 것을 특징으로 한다. 이를 통해 아이들은 자연스럽게 서로 도움을 주고받으며 사회적 기술을 발달시킬 수 있다. 구체적인 물체와 활동을 통해 학습하는 것을 중요시한다. 아이들은 다양한 교재를 직접 만지고 다루며, 이를 통해 추상적인 개념을 체득하게 된다. 인지적 발달뿐만 아니라 사회적, 정서적, 신체적 발달을 포괄적으로 다루는 것을 목표로 한다. 이는 아이들이 균형 잡힌 성장을 이루도록 돕는다.

몬테소리 교실은 특별히 설계된 공간으로, 아이들이 자유롭게 이동하며 학습할 수 있는 구조를 가지고 있다. 주요 특징은 다음과 같다. 다양한 활동과 교재가 준비되어 있으며, 아이들은 자신의 흥미와 필요에 따라 자유롭게 선택할 수 있다. 이는 아이들의 자기 주도적 학습을 촉진한다. 모든 학습 도구와 자료는 체계적으로 배치되어 있어 아이들이 쉽게 접근하고 사용할 수 있다. 이는 아이들이 스스로 정리하고 질서를 유지하는 습관을 기르는 데 도움을 준다. 교실에서는 주로 나무, 천연 섬유 등 자연 소재로 만든 교재를 사용한다. 이는 아이들에게 감각적인 경험을 제공하고, 환경에 대한 존중심을 키우는 데 기여한다. 조용하고 차분한 분위기를 조성하여 아이들이 집중할 수 있는 환경을 제공한다. 이는 아이들의 학습 효율을 높이는 데 중요한 역할을 한다.

교사의 역할은 전통적인 교육과는 다르다. 교사는 지식 전달자가 아니라 학습 안내자, 관찰자, 촉진자의 역할을 한다. 교사는 아이들을 세심하게 관찰하여 각 아이의 발달 단계와 필요를 파악한다. 이를 바탕으로 적절한 학습 도구와 활동을 제공하며, 아이들이 자율적으로 학습할 수 있도록 돕는다. 교사는 학습 환경을 준비하고 유지하는 역할을 한다. 아이들이 필요로 하는 교재와 도구를 적절하게 배치하고, 환경이 깨끗하고 질서 있게 유지되도록 관리한다. 아이들의 학습을 촉진하는 역할을 한다. 직접적인 지시보다는 아이들이 스스로 문제를 해결하고 학습할 수 있도록 돕는 것이 중요하다. 교사는 아이들에게 모범이 되는 역할을 한다. 예의 바르고 존중하는 태도, 규칙을 준수하는 모습 등을 통해 아이들이 자연스럽게 따라 배우도록 한다.

다양한 교재와 활동을 통해 아이들의 감각 발달, 인지 능력, 신체 능력을 향상시키고자 한다. 감각 발달을 위한 교재는 아이들이 색깔, 모양, 크기, 질감 등을 경험할 수 있도록 설계되었다. 이러한 교재를 통해 아이들은 감각을 통해 세상을 탐구하고 이해하는 능력을 기른다. 몬테소리 수학 교재는 구체적인 물체를 사용하여 추상적인 수학 개념을 이해하도록 돕는다. 예를 들어, 비즈를 사용하여 수 개념을 배우고, 숫자판을 통해 덧셈과 뺄셈을 연습한다. 언어 발달을 위한 교재는 글자, 단어, 문장 등을 배우는 데 중점을 둔다. 카드, 퍼즐, 글자판 등을 사용하여 아이들이 읽기와 쓰기를 자연스럽게 익힐 수 있도록 한다. 문화 교재는 지리, 역사, 과학 등 다양한 분야를 포괄한다. 지구본, 지도, 동식물 카드 등을 사용하여 아이들이 다양한 문화와 자연 현상을 이해하도록 돕는다. 실생활 활동은 아이들이 일상생활에서 필요한 기술을 익히는 데 중점을 둔다. 옷 입기, 식사 준비, 청소 등 실제 생활과 밀접한 활동을 통해 자립심과 책임감을 기른다.

이는 전 세계적으로 널리 적용되고 있으며, 많은 연구에서 긍정적인 효과가 입증되었다. 몬테소리 교육을 받은 아이들은 자기 주도적으로 학습하는 능력이 뛰어나며, 스스로 문제를 해결하는 데 익숙하다. 혼합 연령 학습 환경에서 자란 아이들은 다양한 연령대의 친구들과 자연스럽게 상호 작용 하며 사회적 기술을 발달시킨다. 구체적인 교재와 활동을 통해 감각 발달과 인지 능력이 향상된다. 이는 학문적 성취도와 연관된다. 실생활 활동을 통해 아이들은 자립심과 책임감을 기르게 된다. 이는 일상생활에서 독립적이고 책임감 있는 태도를 기르는 데 중요한 역할을 한다. 아이들의 인지적, 사회적, 정서적, 신체적 발달을 포괄적으로 다룬다. 이를 통해 아이들은 균형 잡힌 성장을 이루게 된다.

많은 장점을 가지고 있지만, 일부 한계와 비판도 존재한다. 몬테소리 교육은 개별화 학습을 강조하지만, 모든 아이들이 자율적으로 학습할 수 있는 것은 아니다. 일부 아이들은 보다 구조적인 지도가 필요할 수 있다. 몬테소리 교사는 환경을 준비하고 아이들을 세심하게 관찰해야 하므로 교사의 역할이 매우 중요하고, 부담이 클 수 있다. 몬테소리 교재와 환경 준비에는 상당한 비용이 소요될 수 있다. 따라서 모든 교육 기관이나 가정에서 이를 적용하기에는 현실적인 어려움이 있을 수 있다. 몬테소리 교육은 전통적인 교육 방식과 많은 차이가 있기 때문에 일반 학교로의 전환에 어려움을 겪을 수 있다. 몬테소리 교육법은 아이들의 자율성과 창의성을 존중하며, 각자의 속도에 맞게 학습할 수 있도록 돕는 교육 철학이다. 이를 통해 아이들은 자기 주도적 학습 능력, 사회적 기술, 감각 및 인지 능력, 자립심과 책임감을 길러 전인적 발달을 이룰 수 있다. 그러나 개별화 학습의 어려움, 교사의 역할 부담, 비용 문제 등 한계도 존재한다. 그럼에도 불구하고 몬테소리 교육법은 전 세계적으로 많은 교육자와 학부모들에게 긍정적으로 평가받고 있으며, 아이들의 성장과 발달에 중요한 기여를 하고 있다.

2. 일본의 자녀 교육

일본의 자녀 교육은 전 세계에서 가장 체계적이고 효과적인 교육 시스템 중 하나로 평가받고 있다. 이 시스템은 문화적, 사회적, 역사적 배경을 바탕으로 발전해 왔으며, 학생들의 학문적 성취와 인성 교육 모두를 중시한다. 일본의 교육 시스템은 6-3-3-4 구조로 이루어져 있다. 6년의 초등학교, 3년의 중학교, 3년의 고등학교 그리고 4년의 대학교이다. 초등학교와 중학교 교육은 의무 교육으로, 학생들은 만 6세부터 15세까지 반드시 학교에 다녀야 한다. 고등학교와 대학교는 선택 사항이지만 대부분의 학생들이 이 과정을 밟는다. 초등학교 교육은 일본 교육의 기초를 형성하는 단계이다. 이 시기에는 기초 학문, 특히 일본어, 수학, 과학, 사회, 음악, 체육, 미술 등 다양한 과목을 배운다. 학생들은 기초적인 학문적 지식뿐만 아니라 사회적 기술과 기본적인 도덕적 가치를 배우게 된다. 일본의 초등학교는 학생들이 협동과 존중, 질서를 배우는 중요한 시기이다. 교사들은 학생들에게 단순히 학문적인 지식뿐만 아니라 생활 습관과 사회적 책임감을 가르치는 데 많은 시간을 할애한다.

중학교는 학생들이 보다 심화된 학문적 내용을 배우는 단계이다. 중학교에서는 과목별 전문 교사가 배정되며, 수업 내용도 더욱 심화된다. 이 시기는 학생들이 자신이 좋아하는 과목과 잘하는 과목을 발견하는 중요한 시기이다. 학생들은 중학교 입학과 함께 클럽 활동(부카츠)에 참여하는 경우가 많다. 이는 스포츠, 음악, 예술 등 다양한 분야에서의 활동을 포함하며, 학생들이 다양한 경험을 통해 자신을 발견하고 성장할 수 있는 기회를 제공한다. 고등학교는 일본 교육의 핵심 단계 중 하나로, 대학 입시 준비가 본격적으로 시작되는 시기이다. 일본의 고등학교는 일반 고등학교와 전문 고등학교로 나뉘며, 학생들은 자신의 진로와 흥미에 따라 선택한다. 일반 고등학교는 대학 진학을 목표로 하는 학생들이 대부분이며, 전문 고등학교는 특정 기술이나 직업 교육을 중점적으로 다룬다. 고등학교에서는 입시 준비가 매우 중요하다. 일본의 대학 입시는 매우 경쟁이 치열하며, 학생들은 입시 학원(주쿠)을 다니며 시험 준비에 매진한다. 이러한 입시 준비 과정은 학생들에게 높은 학문적 성취를 요구하지만, 동시에 많은 스트레스를 주기도 한다.

일본의 대학 교육은 세계적으로 높은 수준을 자랑한다. 일본에는 도쿄대학교, 교토대학교 등 세계적으로 유명한 대학교들이 다수 있으며, 이들 대학교는 다양한 학문 분야에서 우수한 연구와 교육을 제공한다. 대학교 진학률이 높고, 많은 학생들이 고등학교를 졸업한 후 대학교에 진학한다. 대학교에서는 전공 분야에 대한 깊이 있는 학문적 연구와 더불어 다양한 교양 과목과 활동을 통해 학생들의 전인적 성장을 도모한다. 일본의 대학 교육은 연구와 실습을 중시하며, 학생들은 다양한 프로젝트와 실험을 통해 실제적인 경험을 쌓을 수 있다.

일본 부모들은 자녀의 교육에 매우 적극적으로 참여한다. 부모들은 자녀가 학교에서 좋은 성적을 얻기 위해 많은 노력을 기울이며, 자녀가 학업 외에도 다양한 경험을 쌓을 수 있도록 지원한다. 이는 부모들이 자녀의 학원비와 과외 활동 비용을 부담하며, 자녀의 학습과 생활 전반을 관리하는 데 많은 시간을 할애하는 것을 의미한다. 일본의 부모들은 자녀에게 높은 기대를 가지고 있으며, 자녀의 학업 성취가 가족의 명예와도 직결된다고 여긴다. 이는 자녀들에게 높은 동기 부여가 되지만, 동시에 큰 압박감으로 작용하기도 한다. 일본의 교사들은 매우 헌신적이며, 학생들의 전반적인 성장과 발달을 돕는 데 중점을 둔다. 교사들은 학생 개개인의 학습 능력과 성향을 잘 파악하고 이에 맞춘 지도를 제공하려고 노력한다. 일본의 학교는 학생들에게 안전하고 지원적인 학습 환경을 제공하며, 학생들이 자신의 잠재력을 최대한 발휘할 수 있도록 돕는다. 또한 학교는 학생들에게 다양한 활동과 기회를 제공하여 전인적 성장을 도모한다. 일본의 교육 시스템에서 도덕 교육은 매우 중요한 역할을 한다. 학생들은 어릴 때부터 사회적 책임감과 예절, 공동체 의식을 배우며, 이는 전통적인 일본 문화와 깊이 연관되어 있다. 학교에서는 규칙과 질서를 강조하며, 학생들은 이를 통해 사회에서의 올바른 행동과 태도를 배운다. 도덕 교육은 학생들이 타인과 협력하고 배려하는 법을 배우는 중요한 과정이다.

일본의 학생들은 학업 외에도 다양한 활동에 참여한다. 클럽 활동, 스포츠, 예술 활동 등은 학생들이 자신의 흥미와 재능을 발휘할 수 있는 중요한 기회이다. 이러한 활동은 학생들이 학업에서 벗어나 스트레스를 해소하고, 새로운 친구를 사귀며, 팀워크와 리더십을 기를 수 있는 좋은 기회이다. 클럽 활동은 학생들에게 협동과 책임감을 가르치며, 이는 학교생활의 중요한 부분을 차지한다. 일본의 교육 환경은 매우 발전되어 있으며, 최신 기술과 장비를 활용한 교육이 이루어지고 있다. 최근에는 디지털 학습 도구와 온라인 학습 플랫폼이 도입되면서 학생들은 더 다양한 방법으로 학습할 수 있게 되었다. 기술교육과 혁신적인 교육 방법은 학생들이 21세기 기술 발전에 맞추어 창의적이고 비판적 사고를 할 수 있도록 돕기 위함이다. 이를 통해 학생들은 미래 사회에서 필요로 하는 다양한 기술과 능력을 갖출 수 있다. 일본 정부는 교육에 많은 투자를 하고 있으며, 교육 정책을 통해 학생들의 학업 성취를 높이기 위한 다양한 프로그램을 운영하고 있다. 정부는 학교에 필요한 자원과 지원을 제공하며, 교육의 질을 향상시키기 위해 노력하고 있다. 또한 국제 교류와 협력을 통해 일본의 교육 시스템을 세계적으로 알리고, 다른 나라의 우수한 교육 모델을 도입하려는 노력도 하고 있다. 일본의 교육 시스템은 많은 장점을 가지고 있지만, 몇 가지 도전과 과제도 존재한다. 첫째, 입시 경쟁이 매우 치열하여 학생들에게 큰 스트레스를 준다. 둘째, 학업 중심의 교육이 학생들의 창의성과 자유로운 사고를 제한할 수 있다는 지적도 있다. 셋째, 교육의 평등성 문제도 중요한 과제이다. 지역 간 교육 자원의 격차와 소외 계층에 대한 지원 부족은 해결해야 할 중요한 문제이다.

일본의 교육 시스템은 지속적으로 변화하고 있으며, 미래를 대비한 교육 혁신을 위해 노력하고 있다. 교육 당국은 학생들이 글로벌 사회에서 경쟁력을 가질 수 있도록 국제적 감각을 기르고, 창의적이고 비판적인 사고를 할 수 있는 교육 프로그램을 개발하고 있다. 또한 기술 발전에 따른 새로운 교육 방법을 도입하여 학생들이 미래 사회에서 필요로 하는 다양한 능력을 갖출 수 있도록 하고 있다. 일본의 자녀 교육은 그들의 문화와 사회 구조에서 중요한 역할을 한다. 높은 교육 수준과 강한 학문적 성취를 강조하는 일본의 교육 시스템은 학생들의 전인적 성장을 도모하며, 사회적 책임감과 공동체 의식을 강조한다. 일본의 교육은 학생들이 학문적 성취뿐만 아니라 도덕적 가치와 사회적 기술을 갖춘 인재로 성장할 수 있도록 돕고 있다. 이러한 교육 시스템은 앞으로도 지속적으로 발전하고 변화하며, 미래 사회의 요구에 맞추어 진화할 것이다.

3. 스웨덴의 교육

　스웨덴의 교육 시스템은 학생들의 전인적 발달을 지원하며, 자율성과 창의력을 중시하는 학습 환경을 제공한다. 이러한 교육 철학과 공부 방법은 다른 국가들에게도 좋은 본보기가 될 수 있다. 스웨덴의 교육 시스템은 학생들의 자율성을 매우 중시한다. 학생들은 자신의 학습 목표를 설정하고, 그 목표를 달성하기 위한 계획을 세운다. 교사는 학생들이 이러한 과정을 잘 수행할 수 있도록 조언과 지원을 제공하는 역할을 한다. 이를 통해 학생들은 자신의 학습 과정에 대한 책임감을 가지게 되고, 자기 주도적인 학습 능력을 기를 수 있다. 스웨덴에서는 프로젝트 기반 학습이 널리 활용된다. 프로젝트 기반 학습은 학생들이 실제 문제를 해결하는 과정을 통해 학습하는 방법이다. 예를 들어, 환경 문제를 다루는 프로젝트를 통해 학생들은 과학, 사회, 수학 등의 여러 과목에서 배운 지식을 통합적으로 활용할 수 있다. 이는 학생들의 비판적 사고와 문제 해결 능력을 기르는 데 큰 도움이 된다. 스웨덴의 교육 과정은 예술, 체육, 음악 등 다양한 과목을 포함한 균형 잡힌 교육을 제공한다. 이는 학생들이 다양한 분야에서 자신의 흥미와 재능을 발견하고 개발할 수 있도록 한다. 예술 과목은 학생들의 창의력과 표현력을 키우는 데 중요한 역할을 하며, 체육은 건강한 신체 발달과 팀워크 능력을 기른다. 음악 교육은 학생들의 정서적 발달과 협력 능력을 촉진한다. 학습 내용이 실생활과 밀접하게 연결되도록 하는 데 중점을 둔다. 예를 들어, 수학 수업에서 배우는 개념을 실제 생활에서 어떻게 적용할 수 있는지에 대해 학생들에게 설명한다. 이는 학생들이 학습의 의미를 이해하고, 배운 지식을 실제로 활용할 수 있도록 돕는다.

스웨덴의 공교육은 무상으로 제공되며, 대학 교육도 무상이다. 이는 모든 학생들이 경제적 부담 없이 교육을 받을 수 있도록 하는 데 중요한 역할을 한다. 교육의 접근성이 높아지면 사회 전체의 평등과 기회 균등이 증진된다. 각 학생의 필요와 능력에 맞춘 개별 맞춤형 교육을 제공한다. 예를 들어, 학습 지원이 필요한 학생들에게는 추가적인 도움을 제공하고, 더 빠르게 학습할 수 있는 학생들에게는 도전적인 과제를 제공한다. 이를 통해 모든 학생들이 자신의 최대 잠재력을 발휘할 수 있도록 돕는다. 지속적인 피드백을 통해 학생들이 자신의 학습 과정을 스스로 점검하고 개선할 수 있도록 한다. 형성 평가는 학생들이 학습 과정 중에 받는 평가로, 학생들이 어디에서 어려움을 겪고 있는지 파악하고, 이를 극복할 수 있는 방법을 찾도록 돕는다. 스웨덴은 시험 위주의 평가보다는 학생의 전반적인 학습 과정과 성장을 중시한다. 이는 학생들이 시험 성적에 대한 스트레스를 줄이고, 학습 자체에 집중할 수 있도록 한다. 학생들은 프로젝트, 에세이, 프레젠테이션 등 다양한 평가 방법을 통해 자신의 학습 성과를 보여 줄 수 있다. 학생들이 함께 작업하고 협력하는 활동을 통해 사회적 기술을 배울 수 있도록 한다. 학생들은 팀 프로젝트를 통해 서로의 아이디어를 공유하고, 협력하여 문제를 해결한다. 이를 통해 학생들은 협력의 중요성을 배우고, 사회적 상호 작용 능력을 기를 수 있다. 교사와 학생 간의 열린 대화와 상호 작용을 중시한다. 교사와 학생 간의 신뢰 관계는 학생들의 학습 동기를 높이고, 학습 과정에서의 어려움을 극복하는 데 큰 도움이 된다. 교사는 학생들의 의견을 존중하고, 학생들이 자신의 생각을 자유롭게 표현할 수 있도록 격려한다.

디지털 기기와 온라인 자료를 적극적으로 활용하여 학습의 효율성을 높인다. 학생들은 태블릿, 컴퓨터 등을 사용하여 다양한 디지털 학습 자료에 접근할 수 있으며, 이를 통해 보다 효과적으로 학습할 수 있다. 또한 디지털 학습은 학생들이 다양한 자료를 검색하고 분석하는 능력을 기르는 데도 도움이 된다. 스웨덴은 필요시 원격 학습을 통해 시간과 장소에 구애받지 않고 학습할 수 있는 환경을 제공한다. 이는 특히 코로나19 팬데믹과 같은 상황에서 매우 유용하다. 원격 학습을 통해 학생들은 집에서도 학습을 지속할 수 있으며, 교사와의 온라인 상호 작용을 통해 학습 지원을 받을 수 있다. 스웨덴의 교사들은 높은 전문성을 가지고 있으며, 지속적인 전문성 개발을 위해 노력한다. 교사들은 최신 교육 방법과 기술을 학습하고, 이를 교육 현장에 적용하여 학생들에게 최상의 학습 환경을 제공한다. 또한 교사들은 학생들의 다양한 학습 스타일과 필요에 맞춘 개별화된 지도를 제공한다. 스웨덴의 교사들은 단순히 지식을 전달하는 역할을 넘어서 학생들의 멘토로서의 역할을 수행한다. 교사들은 학생들의 학습 과정에서 겪는 어려움을 이해하고, 이를 극복할 수 있도록 돕는다. 또한 교사들은 학생들의 학습 동기를 높이고, 자기 주도적인 학습을 장려한다.

스웨덴의 교육은 학생들의 창의적 사고를 기르는 데 중점을 둔다. 학생들은 다양한 과제를 통해 창의적으로 문제를 해결하고 새로운 아이디어를 제시하는 능력을 기른다. 예술 과목은 특히 학생들의 창의력 개발에 중요한 역할을 한다. 혁신적인 교육 방법을 적극적으로 도입하고 있다. 예를 들어, 가상 현실(VR)과 증강 현실(AR) 기술을 활용하여 학생들이 보다 몰입감 있게 학습할 수 있도록 한다. 이러한 기술들은 학생들이 실제로 체험하며 학습할 수 있는 기회를 제공한다. 학생들이 글로벌 마인드셋을 가질 수 있도록 돕는다. 학생들은 다양한 문화와 역사에 대해 배우며, 국제적인 관점에서 생각하는 능력을 기른다. 이를 통해 학생들은 글로벌 사회에서 필요한 역량을 갖출 수 있다. 스웨덴에서는 외국어 교육이 매우 중요하게 여겨진다. 학생들은 영어를 비롯한 여러 외국어를 배우며, 이를 통해 국제적인 소통 능력을 기른다. 외국어 교육은 학생들이 글로벌 사회에서 활발히 활동할 수 있는 기반을 제공한다. 스웨덴의 공부 방법과 교육 철학은 학생들의 전인적 발달과 자율성을 중시하며 다양한 학습 기회를 제공한다. 학생 중심의 학습, 포괄적이고 균형 잡힌 교육, 평등과 접근성, 협력과 상호 작용, 디지털 학습 등은 스웨덴 교육의 핵심 요소이다. 이러한 교육 방법들은 학생들이 자신의 잠재력을 최대한 발휘하고, 사회에서 필요한 다양한 역량을 갖출 수 있도록 돕는다. 스웨덴의 교육 시스템은 다른 국가들에게도 좋은 본보기가 될 수 있으며, 이를 통해 학생들이 더욱 행복하고 의미 있는 학습 경험을 할 수 있기를 바란다.

4. 중세의 교육

중세 시대의 교육 방법은 현대와는 상당히 다른 방식으로 이루어졌다. 이 시기의 교육은 사회적 계층, 성별, 종교 등에 따라 크게 달라졌으며, 그 중심에는 교회와 수도원이 있었다. 수도원은 중세 교육의 중심지 중 하나였다. 수도원 학교는 성직자들을 양성하기 위해 설립되었으며, 라틴어, 성경, 신학, 철학 등의 과목을 가르쳤다. 이러한 교육은 주로 문해력을 높이고 성경을 이해하는 데 중점을 두었다. 성당 학교는 대성당이나 교구 성당에 부설된 학교로, 성직자뿐만 아니라 귀족 자제들도 교육을 받았다. 이들 학교에서는 라틴어, 문법, 수사학, 논리학 등의 과목을 주로 가르쳤다.

12세기부터 유럽 각지에 대학교가 설립되기 시작했다. 볼로냐대학교, 파리대학교, 옥스퍼드대학교 등이 대표적인 중세 대학이다. 대학교에서는 법학, 의학, 신학 등의 고등 교육이 이루어졌다. 도시에서는 상인이나 수공업자들이 자신들의 자녀를 교육시키기 위해 길드 학교를 운영하기도 했다. 이러한 학교에서는 실용적인 기술 교육과 더불어 기본적인 문해 교육이 이루어졌다. 교육은 고대 로마의 교육 체계를 계승하여 '7자유과'로 불리는 교육 과정을 중심으로 이루어졌다. 7자유과는 문법, 수사학, 논리학으로 구성된 삼학과(trivium)와 산술, 기하학, 음악, 천문학으로 구성된 사학과(quadrivium)로 나뉘었다. 신학은 중세 교육의 중심 과목이었다. 수도원과 성당 학교에서는 성경과 교부들의 저술을 공부하며, 신학적 논쟁과 교리 해석에 대해 학습했다. 대학에서도 신학은 가장 중요한 학문 분야로 다루어졌다. 라틴어는 중세 교육의 기본 언어였다. 모든 학문은 라틴어로 진행되었으며, 학생들은 라틴어 문법과 문학을 배우는 것이 필수적이었다.

　중세 교육은 주로 암기와 낭독을 중심으로 이루어졌다. 학생들은 성경 구절, 교부들의 저술, 고전 문학 작품 등을 암기하고 낭독하며 학습했다. 이를 통해 라틴어 문해력과 기억력을 향상시켰다. 고등 교육에서는 토론과 변론이 중요한 교육 방법이었다. 학생들은 논리학과 수사학을 배우고, 이를 바탕으로 다양한 주제에 대해 토론하고 변론했다. 이러한 과정은 학생들의 논리적 사고와 설득력을 기르는 데 큰 도움이 되었다. 수도원과 성당 학교에서는 교사가 학생들에게 강의하는 방식이 주로 사용되었다. 교사는 성경 구절이나 고전 문학 작품을 해석하고 설명하며, 학생들은 이를 필기하고 암기했다. 이러한 강의 방식은 지식을 전달하는 데 효과적이었다. 중세 교육의 가장 중요한 목적 중 하나는 성직자를 양성하는 것이었다. 수도원과 성당 학교에서 교육을 받은 학생들은 성직자로서의 자질을 갖추고, 교회에서 중요한 역할을 수행했다. 귀족 자제들은 성당 학교나 개인 교사를 통해 교육을 받았다. 이들은 라틴어, 역사, 문학, 수사학 등을 배우며, 정치와 군사 활동에 필요한 지식을 습득했다. 귀족 교육은 그들의 사회적 지위를 유지하고 강화하는 데 중요한 역할을 했다. 도시의 길드 학교에서는 상인과 수공업자의 자녀들이 실용적인 기술을 배우며, 장차 가업을 이어받을 준비를 했다. 이러한 교육은 도시 경제의 발전에 기여했다.

중세 교육은 남성 중심이었으며, 여성의 교육 기회는 매우 제한적이었다. 여성은 주로 수도원에서 교육을 받았으며, 그마저도 대부분 귀족 여성에 한정되었다. 교육은 주로 상류층과 성직자 계층에 국한되었으며, 하층민과 농민은 교육을 받을 기회가 거의 없었다. 이는 사회적 불평등을 심화시키는 요인이 되었다. 종교 중심으로 이루어졌기 때문에 세속적인 지식과 과학적 탐구가 제한되었다. 이는 중세 후반까지도 학문의 발전을 저해하는 요인이 되었다. 유럽의 지적 전통과 학문적 기초를 형성하는 데 중요한 역할을 했다. 수도원과 대학에서의 학문 연구는 르네상스와 근대 과학 혁명의 토대가 되었으며, 중세의 교육 제도와 방법은 현대 교육의 여러 측면에 영향을 미쳤다. 중세 시대의 교육 방법은 현대와는 많이 달랐지만 그 나름의 독특한 특징과 장점을 가지고 있었다. 수도원과 성당 학교, 대학을 중심으로 한 교육 체계는 유럽의 학문적 전통을 형성하고 발전시키는 데 중요한 역할을 했다. 비록 성별과 사회적 계층에 따른 차별이 존재했지만, 중세의 교육은 종교적, 철학적, 논리적 사고를 기르는 데 큰 기여를 했다. 이러한 교육적 유산은 이후 르네상스와 근대 교육의 발전에 중요한 영향을 미쳤다.

12장

1. 미래 인간에 필요한 교육

미래 인간의 조건은 기술, 사회, 경제, 환경, 윤리 등 다양한 요소들의 상호 작용에 의해 결정될 것이다. 이는 인간의 생활 방식, 사고방식, 사회 구조에 근본적인 변화를 초래할 것이다. 이러한 변화를 이해하고 적응하는 것은 미래 사회에서 중요한 과제가 될 것이다. 인공지능과 자동화 기술은 미래 사회에서 핵심적인 역할을 할 것이다. 인공지능은 다양한 산업 분야에서 인간의 업무를 대체하거나 보조할 것이며, 이는 생산성의 증가와 새로운 경제적 기회를 창출할 것이다. 예를 들어, 의료 분야에서는 AI가 진단과 치료 계획을 수립하는 데 도움을 줄 수 있으며, 제조업에서는 로봇이 복잡한 생산 공정을 자동화할 수 있다. AI와 자동화의 발전은 노동 시장에도 큰 영향을 미칠 것이다. 많은 직업이 자동화로 인해 사라질 수 있으며, 이에 따라 새로운 형태의 일자리와 직업 훈련이 필요하게 될 것이다. 인간은 보다 창의적이고 복잡한 문제 해결에 집중하게 될 것이며, AI와 협력하는 능력이 중요한 자질로 부각될 것이다. 특히, 데이터 분석가, AI 개발자, 로봇 공학자와 같은 직업이 증가할 것이다. 자동화와 AI의 발전은 경제적 불평등을 심화시킬 가능성도 있다. 고도로 숙련된 기술을 가진 사람들은 혜택을 보겠지만, 저숙련 노동자들은 일자리를 잃거나 낮은 임금을 받게 될 수 있다. 이러한 불평등을 완화하기 위해 정부와 기업은 직업 재교육 프로그램과 사회 안전망을 강화해야 할 것이다.

증강 현실과 가상 현실 기술은 교육 분야에서 혁신을 가져올 것이다. AR과 VR을 활용한 몰입형 학습 환경은 학생들의 이해도를 높일 수 있다. 예를 들어, 역사 수업에서 학생들은 가상 현실을 통해 고대 문명을 체험할 수 있으며, 과학 수업에서는 복잡한 실험을 가상으로 수행할 수 있다. 엔터테인먼트 산업에서도 AR과 VR은 중요한 역할을 할 것이다. 가상 현실 게임, 영화, 콘서트 등이 더욱 현실감 있게 제공되며, 사용자는 더욱 몰입감 있는 경험을 할 수 있다. 이는 엔터테인먼트 산업의 수익성을 높이고 새로운 형태의 콘텐츠와 경험을 창출할 것이다. 의료 분야에서는 가상 현실을 이용한 시뮬레이션이 의사와 의료진의 훈련을 돕고, 원격 진료를 통해 의료 접근성을 향상시킬 수 있다. 예를 들어, 수술 시뮬레이션을 통해 의사들이 복잡한 수술을 연습할 수 있으며, 환자들은 VR을 통해 물리 치료나 심리 치료를 받을 수 있다.

생명공학의 발전은 인간의 건강과 수명에 큰 영향을 미칠 것이다. 유전자 편집 기술인 CRISPR를 통해 유전 질환을 예방하거나 치료할 수 있다. 이는 유전적 질환을 가진 사람들의 삶의 질을 크게 향상시킬 수 있으며, 인류 전체의 건강 상태를 개선할 수 있다. 인공 장기의 개발은 장기 이식을 기다리는 환자들에게 새로운 희망을 줄 수 있다. 3D 프린팅 기술과 줄기세포 연구의 발전으로 인해 인공 장기의 제작이 가능해질 것이며, 이는 장기 이식의 수요를 충족시킬 수 있다. 인간의 수명이 크게 연장될 가능성도 있다. 예를 들어 노화 관련 질병을 예방하거나 치료하는 약물, 유전자 치료, 나노 기술 등이 개발될 것이다. 이는 인간의 삶의 질을 높이고, 건강한 노년기를 보장할 수 있다.

미래의 교육은 더욱 개인화되고 기술에 의존하게 될 것이다. 온라인 학습 플랫폼과 AI 교사는 학생 개개인의 학습 속도와 스타일에 맞춘 맞춤형 교육을 제공할 수 있다. 이는 교육의 접근성을 높이고, 전 세계 어디서든 양질의 교육을 받을 수 있게 할 것이다. 평생 학습이 중요해지면서 성인 교육과 직업 훈련의 중요성이 더욱 부각될 것이다. 기술의 빠른 발전에 따라 새로운 기술을 습득하고 기존의 지식을 업데이트하는 것이 중요하다. 이는 개인의 경쟁력을 높이고 경제적 기회를 확대할 수 있다. 기술의 발전은 교육 격차를 해소하는 데에도 기여할 수 있다. 온라인 교육 플랫폼은 지리적, 경제적 제약 없이 누구나 양질의 교육을 받을 수 있게 하며, 이는 사회적 불평등을 줄이는 데 도움을 줄 것이다.

자동화와 AI의 발전으로 인해 많은 직업이 사라질 가능성이 있지만 동시에 새로운 직업도 생겨날 것이다. 데이터 분석가, AI 개발자, 로봇 공학자, 사이버 보안 전문가 등 새로운 형태의 직업이 증가할 것이다. 이러한 변화에 대응하기 위해서는 지속적인 학습과 기술 습득이 필요하다. 노동 시장은 보다 유연하고 분산된 형태로 변화할 것이다. 원격 근무와 프리랜서 형태의 작업이 증가할 것이며, 이는 개인의 생활 방식을 크게 변화시킬 것이다. 예를 들어, 디지털 노마드와 같은 새로운 형태의 노동자가 증가할 것이며, 이들은 전 세계를 여행하면서 일할 수 있게 될 것이다. 자동화로 인한 실업 문제를 해결하기 위해 정부는 사회적 안전망을 강화해야 할 것이다. 기본 소득, 재교육 프로그램, 사회 보험 등의 정책을 통해 경제적 불안정을 완화하고, 노동자들이 새로운 직업으로 전환할 수 있도록 지원해야 한다.

미래에는 스마트 시티와 같은 첨단 도시 개발이 진행될 것이다. 스마트 시티는 IoT(사물 인터넷), AI, 빅데이터 등의 기술을 활용하여 도시의 효율성과 삶의 질을 높일 것이다. 예를 들어, 스마트 교통 시스템은 교통 혼잡을 줄이고, 스마트 에너지 관리 시스템은 에너지 효율성을 높일 수 있다. 환경 문제를 해결하기 위해 도시 설계와 건축이 변화할 것이다. 녹색 건축, 친환경 교통 수단, 재생 에너지 사용 등이 강조될 것이다. 이는 도시의 탄소 발자국을 줄이고, 지속 가능한 도시 생활을 가능하게 할 것이다. 스마트 시티의 발전은 의료, 교육, 공공 서비스 등의 사회적 인프라에도 변화를 가져올 것이다. 원격 의료 서비스, 온라인 교육, 스마트 공공 서비스 등이 도입되어 시민들의 삶의 질을 높일 것이다.

디지털 경제는 미래 사회에서 중요한 역할을 할 것이다. 블록체인 기술과 암호 화폐의 발전은 금융 시스템에 큰 변화를 가져올 것이다. 비트코인과 같은 디지털 화폐는 거래의 투명성과 안전성을 높일 수 있으며, 중앙은행의 통제에서 벗어난 분산형 금융 시스템을 가능하게 할 것이다. 같은 블록체인 기반 기술은 계약의 실행과 관리를 자동화하여 효율성을 높일 수 있다. 이는 법률, 부동산, 금융 등 다양한 분야에서 활용될 수 있으며, 중개인의 필요성을 줄이고 거래 비용을 절감할 수 있다. 디지털 화폐의 사용이 증가하면서 전통적인 금융 시스템이 변화할 것이다. 중앙은행 디지털 화폐(CBDC)의 도입이 논의되고 있으며, 이는 금융 포용성을 높이고 경제 활동을 투명하게 만들 수 있다. 공유 경제 모델은 우버, 에어비앤비와 같은 플랫폼을 통해 이미 널리 확산되고 있으며, 앞으로도 더욱 발전할 것이다. 공유 경제는 자원의 효율적인 활용을 가능하게 하며, 소비자에게 더 많은 선택권을 제공한다. 예를 들어, 자가용 차량을 소유하는 대신 차량 공유 서비스를 이용하면 비용을 절감할 수 있으며, 숙박 시설을 공유함으로써 여행 비용을 줄일 수 있다.

공유 경제는 새로운 비즈니스 모델을 창출할 것이다. 플랫폼 경제, 구독 경제, 협력 경제 등이 확대될 것이다. 이는 기업과 소비자 간의 관계를 변화시키고, 새로운 경제적 기회를 창출할 것이다. 공유 경제의 발전은 새로운 규제와 법적 문제를 야기할 것이다. 예를 들어, 우버 드라이버의 고용 상태, 에어비앤비 숙박의 안전성 등과 관련된 규제가 필요할 것이다. 정부와 기업은 이러한 문제를 해결하기 위해 협력해야 한다.

기후 변화는 미래 인간의 조건에 큰 영향을 미칠 중요한 요소 중 하나이다. 기후 변화에 대응하기 위한 기술과 정책이 강화될 것이다. 친환경 기술과 재생 에너지의 사용이 확대될 것이며, 탄소 배출을 줄이기 위한 국제적인 협력이 강화될 것이다. 예를 들어, 태양광 패널과 풍력 발전소의 설치가 증가하고, 전기차와 같은 친환경 교통 수단의 보급이 확대될 것이다.

재생 에너지의 사용이 확대될 것이다. 태양광, 풍력, 수력, 지열 등 다양한 재생 에너지 기술이 발전하고, 그 비용이 감소하면서 점점 더 많은 국가와 기업이 재생 에너지를 채택할 것이다. 이는 화석 연료 의 존도를 줄이고, 기후 변화를 완화하는 데 기여할 것이다. 탄소 포집 및 저장(CCS) 기술, 이산화탄소 재활용 기술 등이 개발될 것이다. 이 러한 기술은 대기 중의 이산화탄소를 제거하거나 재활용하여 탄소 배 출을 줄이는 데 도움을 줄 것이다. 지속 가능한 자원 관리와 순환 경 제가 중요해질 것이다. 자원의 효율적인 사용과 재활용이 강조될 것이 며, 폐기물 감소와 자원 재활용을 위한 기술이 발전할 것이다. 예를 들어, 플라스틱 폐기물을 줄이기 위한 바이오 플라스틱의 개발, 전자 폐기물의 재활용 기술 등이 중요한 역할을 할 것이다. 자원 효율성을 높이기 위한 기술과 정책이 필요할 것이다. 예를 들어, 에너지 효율이 높은 제품, 물 절약 기술, 자원 절약형 생산 공정 등이 개발될 것이다. 이는 자원의 낭비를 줄이고, 환경에 미치는 영향을 최소화할 것이다. 재활용과 재사용이 중요한 역할을 할 것이다. 자원의 순환을 촉진하 기 위해 재활용 시스템이 강화되고, 제품 설계 단계에서부터 재활용 과 재사용을 고려하는 것이 필요할 것이다. 이는 폐기물을 줄이고, 자원 사용의 지속 가능성을 높일 것이다.

또한, 디지털 시대의 발전으로 개인 정보 보호와 데이터 프라이버시 가 중요한 문제로 부각될 것이다. 데이터의 수집, 저장, 사용에 대한 규제와 정책이 강화될 것이며, 개인의 프라이버시를 보호하기 위한 기 술 개발이 필요할 것이다. 예를 들어, 개인 정보를 안전하게 보호하기 위한 암호화 기술, 프라이버시를 중시하는 데이터 관리 시스템 등이 필요하다. AI와 빅데이터의 발전으로 인해 개인의 프라이버시가 침해될 가능성이 높아질 것이다. 예를 들어, 얼굴 인식 기술, 위치 추적 기술 등이 개인의 사생활을 침해할 수 있다. 이러한 문제를 해결하기 위해서는 강력한 프라이버시 보호 정책과 기술이 필요하다. 프라이버시와 보안 사이의 균형을 맞추는 것이 중요하다. 개인의 프라이버시를 보호하면서도 사회의 안전을 보장하기 위해서는 적절한 균형이 필요하다. 예를 들어, 테러리즘 방지를 위한 감시 시스템과 개인의 프라이버시 보호 사이의 균형을 맞추는 것이 필요하다. AI의 발전과 함께 윤리적 문제들이 더욱 부각될 것이다. AI 시스템의 공정성과 투명성을 보장하기 위한 규제와 정책이 필요할 것이며, AI의 결정 과정에 대한 설명 가능성과 책임성을 확보하는 것이 중요하다. 예를 들어, AI가 편향된 데이터를 학습하여 차별적인 결정을 내리지 않도록 하는 것이 필요하다.

AI의 발전으로 인해 인간의 역할과 책임이 변화할 것이다. AI의 결정과 행동에 대한 책임을 어떻게 정의하고 이를 통제할 것인지에 대한 논의가 필요하다. 예를 들어, 자율 주행 차량의 사고 발생 시 책임을 누구에게 물을 것인지에 대한 논의가 필요하다. AI 개발과 사용에 있어 윤리적 원칙을 적용하는 것이 중요하다. 예를 들어, 인간 중심의 AI, 투명한 AI, 책임 있는 AI 등의 윤리적 원칙을 적용하여 AI가 인간에게 긍정적인 영향을 미칠 수 있도록 해야 한다.

기술의 발전과 함께 인간과 기계의 관계에 대한 철학적 논의가 계속될 것이다. 인간과 기계의 경계가 모호해지면서, 인간의 정체성과 존재에 대한 질문이 제기될 것이다. 예를 들어, AI와 로봇이 인간의 감정과 의사 결정을 모방할 수 있게 되면서 인간과 기계의 차별화된 특성을 어떻게 정의할 것인지에 대한 논의가 필요하다. 기술의 발전으로 인해 인간은 점점 더 기술에 의존하게 될 것이다. 이는 인간의 자율성과 독립성을 저해할 수 있으며, 기술 의존성이 심화될 경우 인간의 능력과 판단력이 약화될 수 있다. 이러한 문제를 해결하기 위해서는 기술 사용의 적절한 균형과 인간의 주체성을 유지하는 것이 중요하다. 기술의 발전 속에서 인간다움을 유지하는 것이 중요한 과제가 될 것이다. 이는 인간의 감정, 도덕성, 창의성 등을 중시하는 것을 의미한다. 예를 들어 예술, 문학, 철학 등의 인간적 활동을 통해 인간다움을 유지하고 발전시킬 필요가 있다. 미래 인간의 조건은 기술, 사회, 경제, 환경, 윤리적 요소들이 복합적으로 작용하여 결정될 것이다. 이러한 변화에 대응하기 위해 인간은 지속적인 학습과 적응력을 필요로 할 것이다. 기술의 발전이 가져올 긍정적인 변화와 함께 그로 인한 윤리적, 사회적 문제들에 대한 해결 방안을 모색하는 것이 중요하다. 미래 인간은 변화하는 환경 속에서 새로운 방식으로 적응하고 발전해 나갈 것이며, 이러한 변화가 가져올 기회를 최대한 활용하기 위해서는 창의적 사고와 협력, 윤리적 책임 의식이 중요할 것이다. 이는 개인, 사회, 국가 모두에게 중요한 과제가 될 것이다. 기술 발전의 속도는 빠르지만, 인간의 가치와 윤리적 책임을 잊지 않고 발전을 이루어 나가는 것이 미래 인간의 조건을 더욱 풍요롭게 만들 것이다.

2. 미래를 위한 준비

자녀 교육은 미래 세대를 양성하는 중요한 과제이다. 아이들이 지식과 인성을 고루 갖춘 성인으로 성장하도록 돕기 위해서는 가정과 학교, 사회가 함께 협력해야 한다. 자녀 교육은 단순히 학업 성취도를 높이는 것에 그치지 않는다. 이는 아이들이 사회에서 책임감 있는 성인으로 성장하도록 돕는 포괄적인 과정이다. 교육은 다음과 같은 측면에서 중요하다. 현대 사회에서는 빠르게 변화하는 기술과 지식이 중요하다. 자녀 교육은 아이들이 이러한 변화에 적응할 수 있는 지식과 기술을 습득하도록 돕는다. 성공적인 삶을 위해서는 인성 교육이 필수적이다. 자녀 교육은 아이들에게 윤리적 가치, 책임감, 공감 능력 등을 가르쳐 사회적으로 존경받는 성인으로 성장하도록 한다. 사회생활에서의 성공은 대인 관계 기술에 크게 좌우된다. 자녀 교육을 통해 아이들은 협력, 의사소통, 문제 해결 능력 등을 배우게 된다. 미래 사회에서는 창의적 사고와 문제 해결 능력이 중요해질 것이다. 자녀 교육은 아이들이 창의적으로 사고하고 문제를 해결하는 능력을 키울 수 있도록 돕는다. 지식뿐만 아니라 인성, 체력, 감성을 고루 발달시키는 전인 교육이 필요하다. 이는 아이들이 균형 잡힌 성장을 이루도록 돕는다. 각 아이의 개성과 능력에 맞춘 맞춤형 교육이 중요하다. 이는 아이들이 자신의 잠재력을 최대한 발휘하도록 돕는다. 환경과 사회의 지속 가능성을 고려한 교육이 필요하다. 이는 아이들이 미래 사회의 책임 있는 구성원으로 성장하도록 한다.

글로벌 시대에 적합한 교육이 필요하다. 이는 아이들이 다양한 문화와 사회를 이해하고 존중하는 세계 시민으로 성장하도록 돕는다. 가정은 아이들의 첫 번째 교육 장소이다. 가정에서의 교육은 아이들의 인성과 가치관 형성에 큰 영향을 미친다. 부모는 아이들에게 가장 큰 영향을 미치는 인물이다. 부모는 책임감, 정직, 공감 등의 가치를 몸소 실천함으로써 아이들에게 올바른 역할 모델이 되어야 한다. 부모와 자녀 간의 긍정적 의사소통은 아이들의 정서적 안정과 자신감을 높이는 데 중요하다. 아이들의 의견을 존중하고 경청하며, 문제 해결 과정을 함께하는 것이 필요하다. 독서는 아이들의 지적 발달과 상상력을 자극하는 중요한 활동이다. 부모는 아이들과 함께 독서하는 시간을 가지며, 책을 통한 다양한 경험과 지식을 공유할 수 있다. 규칙적인 생활 습관과 균형 잡힌 식습관은 아이들의 신체적, 정신적 발달에 중요하다. 부모는 아이들과 함께 운동하고, 건강한 식습관을 유지하는 것이 필요하다. 학교는 체계적인 지식 습득과 사회성을 기르는 곳이다.

획일적인 교육에서 벗어나 창의적이고 다양한 교육 과정을 도입해야 한다. 프로젝트 기반 학습, 토론 수업, 예술과 체육 활동 등을 통해 아이들의 창의성과 문제 해결 능력을 키울 수 있다. 인성 교육은 학교 교육의 중요한 부분이다. 도덕 교육, 사회 봉사 활동, 협력 학습 등을 통해 아이들이 윤리적 가치와 사회적 책임감을 기를 수 있도록 해야 한다. 아이들이 자신의 적성과 흥미를 발견하고 미래의 진로를 계획할 수 있도록 돕는 진로 교육이 필요하다. 이를 위해 다양한 직업 체험 프로그램과 상담 서비스를 제공해야 한다. 다문화 사회에서 다양한 문화를 이해하고 존중하는 교육이 필요하다. 학교는 다양한 문화 체험 활동과 교육을 통해 아이들이 글로벌 시민으로 성장할 수 있도록 해야 한다. 아이들이 지역 사회의 일원으로서 책임감을 느끼고 참여할 수 있는 기회를 제공해야 한다. 지역 사회 봉사 활동, 커뮤니티 프로젝트 등을 통해 아이들이 사회적 책임감을 기를 수 있다. 환경 보호와 지속 가능성에 대한 교육은 매우 중요하다. 사회는 환경 보호 캠페인, 재활용 프로그램, 자연 체험 활동 등을 통해 아이들이 환경에 대한 책임감을 기를 수 있도록 해야 한다. 문화 예술은 아이들의 감수성과 창의성을 자극한다.

사회는 다양한 문화 예술 활동과 체험 프로그램을 제공하여 아이들이 문화적 풍요로움을 경험할 수 있도록 해야 한다. 현대 사회에서는 기술에 대한 이해와 활용 능력이 중요하다. 사회는 코딩 교육, 로봇 공학, 디지털 리터러시 등을 통해 아이들이 기술에 친숙해지고 이를 활용할 수 있도록 교육해야 한다. 자녀 교육은 가정, 학교, 사회가 협력하여 다각적으로 접근해야 한다. 부모는 아이들에게 올바른 역할 모델이 되고, 긍정적 의사소통과 건강한 생활 습관을 통해 아이들을 지원해야 한다. 학교는 창의적 교육 과정, 인성 교육, 진로 교육, 다문화 교육을 통해 아이들이 균형 잡힌 성장을 이루도록 돕는다. 사회는 지역 사회 참여, 환경 교육, 문화 예술 교육, 기술 교육을 통해 아이들이 실제 생활 속에서 배우고 성장할 수 있는 기회를 제공해야 한다. 미래를 준비하는 자녀 교육은 지식과 기술, 인성과 사회성을 고루 갖춘 전인 교육이 되어야 한다. 이를 위해서는 각자의 역할과 책임을 다하며, 서로 협력하여 지속 가능한 교육 환경을 조성하는 것이 중요하다. 아이들이 밝고 건강한 미래를 만들어 나갈 수 있도록 우리 모두가 함께 노력해야 한다.

13장

1. 몰입을 통해서 미래를 준비하라

    몰입(Flow)은 심리학자 미하이 칙센트미하이(Mihaly Csikszentmiha-lyi)가 제시한 개념으로, 사람이 어떤 활동에 깊이 빠져들어 최상의 경험을 하는 상태를 말한다. 이 상태에 있는 사람은 시간의 흐름을 잊고, 외부의 방해 요소를 인식하지 못하며, 활동 그 자체에서 큰 만족과 기쁨을 느낀다. 몰입은 개인의 삶의 질을 향상시키는 중요한 요소로 여겨지며, 창의성, 생산성, 학습, 행복 등 다양한 분야에 긍정적인 영향을 미친다. 몰입 상태에서는 목표가 분명하고, 무엇을 해야 하는지 명확히 이해한다. 이러한 명확한 목표는 활동에 집중할 수 있게 도와준다. 몰입 상태에서는 행동의 결과에 대한 즉각적인 피드백을 받는다. 이는 활동을 지속하고 조절하는 데 중요한 역할을 한다. 몰입은 도전적인 과제와 자신의 능력 사이에 적절한 균형이 있을 때 발생한다. 과제가 너무 쉽거나 너무 어려우면 몰입 상태에 도달하기 어렵다. 몰입 상태에서는 시간의 흐름을 잊게 된다. 몇 시간이 지나도 마치 몇 분이 지난 것처럼 느낄 수 있다. 몰입 상태에서는 자신에 대한 의식이 사라지고, 오로지 활동에만 집중하게 된다. 몰입 상태에서는 생각과 행동이 하나로 통합되며, 활동에 완전히 몰두하게 된다. 몰입을 경험하려면 활동이 도전적이어야 한다. 단순하고 반복적인 작업보다는 창의적이고 복잡한 과제가 몰입을 촉진한다. 목표가 분명하고, 결과에 대한 즉각적인 피드백이 주어질 때 몰입 상태에 쉽게 도달할 수 있다.

몰입 상태를 유지하기 위해서는 집중을 방해하는 요소를 최소화해야 한다. 환경을 정리하고, 방해받지 않는 시간을 확보하는 것이 중요하다. 몰입은 내재적 동기에서 비롯된다. 활동 자체에 대한 열정과 흥미가 있을 때 몰입 상태에 도달하기 쉽다. 몰입 상태에서는 창의력이 극대화된다. 이는 새로운 아이디어를 생성하고 문제를 창의적으로 해결하는 데 도움이 된다. 몰입 상태에서는 시간의 흐름을 잊고 작업에 집중하기 때문에 생산성이 크게 향상된다. 몰입 상태에서 학습하면 정보가 더 잘 흡수되고, 기억에 오래 남는다. 이는 학습의 질을 높이는 데 기여한다. 몰입 상태에서는 큰 만족감과 행복감을 느끼게 된다. 이는 개인의 삶의 질을 높이는 데 중요한 역할을 한다. 몰입 상태를 자주 경험하는 사람들은 더 높은 동기 부여를 느끼게 된다. 이는 목표 달성을 위한 지속적인 노력을 가능하게 한다. 몰입 상태를 유도하고 유지하기 위해 다양한 전략을 사용할 수 있다. 이는 개인의 삶뿐만 아니라 조직의 성과를 높이는 데도 유용하다. 명확하고 도전적인 목표를 설정하여 몰입 상태에 도달할 수 있도록 한다. 집중을 방해하는 요소를 제거하고, 몰입에 적합한 환경을 조성한다. 몰입할 수 있는 시간을 확보하고, 규칙적으로 몰입 상태에 들어갈 수 있도록 일정을 조정한다.

활동 자체에 대한 흥미와 열정을 키워 몰입 상태에 쉽게 도달할 수 있도록 한다. 직원들에게 도전적인 과제를 부여하여 몰입 상태를 유도한다. 조직의 목표를 명확히 하고, 각 개인의 역할과 목표를 명확히 한다. 즉각적이고 건설적인 피드백을 제공하여 몰입 상태를 유지할 수 있도록 한다. 집중을 방해하는 요소를 최소화하고, 몰입에 적합한 작업 환경을 조성한다. 몰입 상태는 다양한 분야에서 관찰할 수 있다. 운동선수들은 경기 중 몰입 상태에 자주 들어간다. 이는 경기 성과를 극대화하고, 승리의 가능성을 높이는 데 기여한다. 음악가들은 연주나 작곡 과정에서 몰입 상태를 경험한다. 이는 창의적이고 감동적인 음악을 만들어 내는 데 중요한 역할을 한다. 과학자와 학자들은 연구와 실험 과정에서 몰입 상태를 경험한다. 이는 혁신적이고 중요한 발견을 이끄는 원동력이 된다. 기업가와 직장인들은 프로젝트나 업무 수행 중 몰입 상태에 들어갈 수 있다. 이는 생산성과 효율성을 높이는 데 기여한다. 예술가들은 창작 과정에서 몰입 상태를 자주 경험한다. 이는 독창적이고 뛰어난 작품을 만들어 내는 데 중요한 역할을 한다. 몰입 상태는 개인의 성장과 조직의 성과를 높이는 데 중요한 역할을 한다. 미래 사회에서는 몰입의 중요성이 더욱 부각될 것으로 예상된다. 기술의 발전과 함께 몰입 상태를 유도하는 도구와 환경이 다양해질 것이며, 이를 통해 개인과 조직의 잠재력을 극대화할 수 있을 것이다. 가상 현실(VR)과 증강 현실(AR) 등의 디지털 도구는 몰입 상태를 유도하는 데 중요한 역할을 할 것이다. 이러한 기술을 활용하면 몰입 상태에서 학습하고 작업할 수 있는 환경을 쉽게 조성할 수 있다.

몰입을 촉진하는 조직 문화가 중요해질 것이다. 유연한 근무 시간, 자율적인 업무 환경, 지속적인 피드백 등이 몰입 상태를 유도하는 데 기여할 것이다. 교육 현장에서도 몰입의 중요성이 강조될 것이다. 학생들이 몰입 상태에서 학습할 수 있도록 도와주는 교육 방법과 환경이 발전할 것이다. 개인의 성장과 자아실현을 위해 몰입 상태를 자주 경험할 수 있도록 돕는 다양한 프로그램과 훈련 방법이 개발될 것이다. 개인과 조직 모두에게 중요한 개념으로, 이를 통해 창의성, 생산성, 학습 효율성, 행복감 등을 높일 수 있다. 몰입 상태를 유도하고 유지하기 위해서는 명확한 목표 설정, 즉각적인 피드백, 도전과 능력의 균형, 집중과 방해 요소의 제거, 내재적 동기 부여 등이 필요하다. 다양한 분야에서 몰입의 중요성이 점점 더 부각되고 있으며, 미래 사회에서도 몰입의 역할이 더욱 중요해질 것이다. 몰입을 통해 개인과 조직의 잠재력을 극대화하고, 더 나은 삶을 영위할 수 있도록 노력해야 한다.

2. 글쓰기 습관을 통해서 미래를 준비하라

　글쓰기는 인간의 가장 오래된 의사소통 방식 중 하나로, 시대와 문화, 사회를 초월하여 중요한 역할을 해 왔다. 글쓰기는 단순한 정보 전달의 수단을 넘어 사고의 확장, 창의성의 발현, 개인의 성장과 사회적 변화에 기여하는 중요한 도구이다. 글쓰기는 인류의 역사와 함께 발전해 왔다. 최초의 문자 체계는 기원전 4천 년경 메소포타미아 지역에서 발명된 것으로 알려져 있으며, 이는 인간이 자신의 생각과 정보를 기록하고 전달하는 중요한 도구로 사용되었다. 역사적으로 글쓰기는 문명을 발전시키는 데 중요한 역할을 했다. 고대 문명에서 글쓰기는 지식을 축적하고 전파하는 수단으로 사용되었다. 예를 들어, 이집트의 파피루스 두루마리, 메소포타미아의 점토판, 중국의 대나무 책 등은 모두 당시의 지식과 문화를 기록하고 보존하는 데 사용되었다. 이러한 기록물 덕분에 우리는 고대 사회의 법, 종교, 과학, 철학 등을 이해할 수 있다.

　글쓰기는 법률과 규범을 기록하고 전달하는 데 중요한 역할을 했다. 함무라비 법전, 로마법, 조선의 경국대전 등은 모두 글쓰기를 통해 사회 질서를 유지하고 법적 시스템을 강화했다. 글쓰기는 문화와 전통을 보존하고 후대에 전하는 역할을 한다. 문학 작품, 종교 경전,

역사서 등은 그 시대의 문화와 가치관을 반영하며, 이를 통해 우리는 과거의 문화를 이해하고 존중할 수 있다. 개인의 성장과 발달에 매우 중요한 역할을 한다. 이를 통해 우리는 자신의 생각과 감정을 표현하고, 문제를 해결하며, 창의력을 발휘할 수 있다. 개인이 자신의 생각과 감정을 표현하는 도구다. 일기 쓰기, 에세이 작성, 시 쓰기 등은 자신의 내면을 탐구하고, 감정을 정리하며, 자기 이해를 깊게 한다. 이는 정신 건강에도 긍정적인 영향을 미친다. 논리적 사고와 비판적 사고를 발달시키는 데 도움이 된다. 논리적으로 글을 구성하고, 근거를 제시하며, 결론을 도출하는 과정에서 사고력이 향상된다. 이러한 능력은 학문적 성취뿐만 아니라 일상생활에서도 중요한 역할을 한다. 창의력을 발휘할 수 있는 중요한 도구다. 이야기를 창작하고, 새로운 아이디어를 탐구하며, 독창적인 표현을 시도하는 과정에서 창의력이 증진된다. 이는 예술적 활동뿐만 아니라 문제 해결과 혁신에도 중요한 역할을 한다. 학문적 연구와 교육에서 필수적인 요소이다.

학문적 글쓰기는 지식을 체계적으로 정리하고 전달하는 데 중요한 역할을 한다. 학문적 글쓰기는 연구 결과를 체계적으로 정리하고, 이를 동료 연구자들과 공유하는 데 필수적이다. 논문, 보고서, 학술 기사 등은 연구자의 발견과 주장을 전달하는 중요한 수단이다. 학문적 글쓰기는 비판적 사고와 분석 능력을 향상시킨다. 자료를 수집하고 분석하며, 이를 바탕으로 논리를 전개하는 과정에서 이러한 능력이 발달한다. 이는 학문적 성취뿐만 아니라 전문적 역량을 강화하는 데도 중요하다. 학문적 글쓰기는 지식의 확산과 교육에 중요한 역할을 한다. 교과서, 학술 서적, 교육 자료 등은 모두 글쓰기를 통해 지식을 전달하며, 이를 통해 학생들은 새로운 지식을 습득하고 학문적 성취를 이룰 수 있다. 사회적 변화와 발전에 중요한 역할을 한다. 이는 공공의 의견을 형성하고, 사회적 문제를 제기하며, 변화를 이끌어 내는 도구로 사용된다. 여론을 형성하고, 민주주의를 강화하는 데 중요한 역할을 한다. 신문 기사, 칼럼, 블로그, 소셜 미디어 글 등은 공공의 의견을 반영하고, 사회적 이슈를 제기하며, 여론을 형성하는 데 기여한다. 이는 민주적 의사 결정 과정을 강화하고, 사회적 참여를 촉진한다. 사회적 변화를 이끌어 내는 중요한 도구이다. 역사적으로 많은 사회적 운동과 변화는 글쓰기를 통해 촉발되었다. 예를 들어 여성 참정권 운동, 민권 운동, 환경 보호 운동 등은 글쓰기를 통해 사람들의 의식을 깨우고, 변화를 이끌어 냈다. 다양한 문화와 가치를 존중하고 이해하는 데 기여한다. 다양한 문화적 배경을 가진 사람들이 자신의 이야기를 글로 표현함으로써, 우리는 서로 다른 문화와 가치를 이해하고 존중할 수 있다.

디지털 시대에는 글쓰기가 더욱 중요해졌다. 인터넷과 소셜 미디어의 발달로 인해 글쓰기는 정보 전달의 주요 수단이 되었으며, 디지털 환경에서의 글쓰기는 새로운 도전과 기회를 제공한다. 디지털 환경에서는 정보가 빠르게 전달된다. 블로그, 소셜 미디어, 뉴스 사이트 등은 글쓰기를 통해 정보를 신속하게 전달하며, 이는 정보의 확산과 공유를 촉진한다. 디지털 시대에는 디지털 리터러시가 중요해졌다. 디지털 리터러시란 디지털 환경에서 정보를 읽고 쓰며, 평가하고 활용하는 능력을 말한다. 디지털 시대에는 많은 커뮤니케이션이 온라인에서 이루어진다. 이메일, 채팅, 소셜 미디어 등은 글쓰기를 통해 의사소통을 하며, 이는 비즈니스, 교육, 개인적 관계에서 중요한 역할을 한다.

글쓰기 교육은 개인의 성장과 사회적 발전에 중요한 역할을 한다. 이는 학생들이 자신의 생각을 명확하게 표현하고, 논리적으로 사고하며, 창의력을 발휘할 수 있도록 돕는다. 또한 기초 문해력을 향상시킨다. 이는 학생들이 글을 읽고 쓰는 능력을 키우며, 이를 통해 학문적 성취를 높일 수 있다는 뜻이다. 글쓰기 교육은 학생들이 자기표현을 통해 자신의 생각과 감정을 표현하고, 자신의 정체성을 확립하는 데 도움을 준다. 이를 통해 학생들은 자신에 대한 이해를 깊게 하고, 자아 존중감을 높일 수 있다. 글쓰기는 단순한 의사소통 수단을 넘어 개인의 성장과 사회적 변화를 이끄는 중요한 도구이다. 역사적으로 글쓰기는 지식의 축적과 전파, 법과 질서 유지, 문화와 전통의 보존 등 다양한 역할을 해 왔으며, 현대 사회에서도 여전히 중요한 역할을 하고 있다. 글쓰기는 개인의 사고력과 창의력을 증진시키고, 학문적 성취를 높이며, 사회적 변화를 촉진하는 데 기여한다. 디지털 시대에는 글쓰기가 더욱 중요한 역할을 하며, 디지털 리터러시와 온라인 커뮤니케이션을 강화하는 데 기여한다. 따라서 우리는 글쓰기의 중요성을 인식하고, 이를 통해 개인과 사회의 발전을 이끌어 나가야 한다. 글쓰기를 통해 우리는 더 나은 미래를 만들어 갈 수 있을 것이다.

3. 좋은 습관은 미래를 바꿀 수 있다

좋은 습관은 우리의 삶에 깊은 영향을 미치며, 궁극적으로 우리의 미래를 바꿀 수 있는 강력한 도구이다. 좋은 습관을 형성하는 것은 단순히 일상적인 행동을 반복하는 것을 넘어 우리의 삶의 질을 향상시키고, 목표를 달성하며, 성공적인 삶을 이끌어 가는 중요한 요소이다. 이 글에서는 좋은 습관의 중요성과 그것이 우리의 미래에 어떤 긍정적인 변화를 가져올 수 있는지에 대해 심도 있게 논의하겠다.

좋은 습관은 작은 행동에서 시작된다. 일상 속에서 반복되는 작은 행동들은 결국 우리의 삶의 큰 부분을 차지하게 된다. 아침에 일찍 일어나기, 규칙적으로 운동하기, 건강한 식습관을 유지하기, 독서를 통해 지식을 쌓기 등은 모두 좋은 습관의 예이다. 이러한 습관들은 우리의 신체적, 정신적 건강을 증진시키고, 삶의 질을 높이는 데 큰 기여를 한다.

규칙적인 운동과 건강한 식습관은 좋은 습관 중 하나로, 우리의 신체를 건강하게 유지하고 스트레스를 줄이며, 정신적 안정을 제공한다. 건강한 식습관은 우리 몸에 필요한 영양소를 공급하고 질병을 예방하는 데 중요한 역할을 한다. 이러한 습관들은 우리의 신체적 건강을 유지하는 데 필수적이며, 장기적으로 더 나은 삶을 사는 데 기여한다.

독서나 새로운 기술을 배우는 것과 같은 자기 계발 습관도 매우 중요하다. 지속적으로 배우고 성장하는 것은 우리의 지식과 능력을 향상시키며, 개인적 및 직업적 성공을 위한 기반을 제공한다. 새로운 언어를 배우거나, 전문 지식을 쌓거나, 자기 계발 서적을 읽는 것은 모두 자기 계발의 좋은 예이다. 이러한 습관들은 우리의 사고방식을 넓히고, 더 나은 문제 해결 능력을 개발하며, 다양한 상황에서 더 잘 대처할 수 있게 한다.

좋은 습관은 우리의 일상적인 선택과 행동을 통해 우리의 미래를 결정짓는 중요한 요소이다. 좋은 습관은 목표를 설정하고 달성하는 데 중요한 역할을 한다. 예를 들어, 매일 30분씩 운동하는 습관을 들이면 체중 감량이나 건강 개선 목표를 달성하는 데 도움이 된다. 마찬가지로 매일 1시간씩 공부하는 습관을 기르면 학업 성취도를 높이고, 더 나은 성적을 받을 수 있다. 이러한 작은 습관들이 쌓여 큰 성과를 이루게 되는 것이다.

좋은 습관은 우리의 생산성을 크게 향상시킬 수 있다. 예를 들어 매일 아침 일찍 일어나 하루를 계획하고, 중요한 일부터 처리하는 습관은 업무 효율성을 높이고, 더 많은 일을 효과적으로 해낼 수 있게 한다. 또한, 규칙적인 휴식과 재충전을 통해 피로를 관리하고, 지속적으로 높은 성과를 유지할 수 있다.

긍정적인 사고방식을 유지하는 것도 중요한 습관이다. 긍정적인 마음가짐은 스트레스와 불안감을 줄이고, 더 나은 정신 건강을 유지하는 데 도움을 준다. 매일 감사하는 마음을 갖거나 명상을 통해 마음을 다스리는 습관은 우리의 정신적 안녕을 증진시키고, 더 나은 삶을 사는 데 기여한다.

좋은 습관을 형성하는 과정에는 많은 도전이 따른다. 그러나 이러한 도전을 극복하고 좋은 습관을 지속하는 것이 중요하다. 구체적인 목표를 설정하는 것은 좋은 습관을 형성하는 첫 번째 단계이다. 예를 들어, 단순히 '더 많이 운동하기'보다는 '매주 3회, 30분씩 조깅하기'와 같은 구체적인 목표를 설정하는 것이 더 효과적이다. 이렇게 구체적인 목표를 설정하면 목표를 달성하기 위한 명확한 계획을 세울 수 있고, 진척 상황을 쉽게 평가할 수 있다.

좋은 습관을 형성하는 데 있어서 가장 중요한 것은 작은 단계로 시작하는 것이다. 갑자기 큰 변화를 시도하기보다는 작은 변화부터 시작하여 점차 습관을 확장해 나가는 것이 더 현실적이고 지속 가능해진다. 예를 들어, 하루에 10분씩 운동하는 것부터 시작하여 점차 시간을 늘려 가는 방식이 효과적이다.

일관성을 유지하는 것은 좋은 습관을 형성하고 유지하는 데 필수적이다. 처음에는 어려울 수 있지만, 꾸준히 노력하고 반복하면 습관이 형성된다. 일정한 시간에 동일한 행동을 반복하는 것이 도움이 된다. 예를 들어, 매일 아침 같은 시간에 운동을 하는 습관을 들이면 시간이 지남에 따라 자연스럽게 그 행동이 습관화된다.

좋은 습관을 유지하기 위해서는 긍정적인 강화가 필요하다. 목표를 달성했을 때 스스로에게 보상을 주는 것은 동기 부여에 큰 도움이 된다. 예를 들어 일주일 동안 매일 운동을 했을 때 좋아하는 영화를 보거나 맛있는 음식을 먹는 것과 같은 작은 보상을 통해 스스로를 격려할 수 있다.

좋은 습관은 단기적인 성과뿐만 아니라 장기적인 이점을 제공한다. 좋은 습관을 유지하면 지속적으로 성장하고 발전할 수 있다. 예를 들어, 매일 독서를 통해 새로운 지식을 습득하면 시간이 지남에 따라 지식의 폭이 넓어지고, 더 깊이 있는 사고를 할 수 있게 된다. 이러한 지속적인 성장은 개인의 잠재력을 최대한 발휘하는 데 도움을 준다.

좋은 습관은 우리의 생활 만족도를 높이는 데 큰 역할을 한다. 규칙적인 운동, 건강한 식습관, 충분한 수면 등의 습관은 신체적 건강을 증진시키고, 더 나은 생활을 영위할 수 있게 한다. 또한 긍정적인 사고방식과 자기 계발 습관은 정신적 만족도를 높이고, 삶의 질을 향상시키는 데 기여한다.

좋은 습관은 성공적인 삶을 사는 데 중요한 기반이 된다. 목표를 달성하고, 생산성을 높이며, 긍정적인 마음가짐을 유지하는 것은 개인적 및 직업적 성공을 이루는 데 필수적이다. 좋은 습관을 통해 우리는 더 나은 미래를 준비하고, 성공적인 삶을 살아갈 수 있다.

좋은 습관은 우리의 미래를 바꾸는 강력한 도구이다. 규칙적인 운동, 건강한 식습관, 자기 계발, 긍정적인 사고방식 등은 모두 우리의 삶의 질을 향상시키고, 성공적인 삶을 이끄는 중요한 요소이다. 좋은 습관을 형성하고 유지하기 위해서는 구체적인 목표를 설정하고, 작은 단계로 시작하며, 일관성을 유지하고, 긍정적인 강화를 통해 동기를 부여하는 것이 중요하다. 이러한 노력들을 통해 우리는 더 나은 미래를 준비하고, 성공적인 삶을 살아갈 수 있다. 좋은 습관의 중요성을 인식하고, 그것을 실천하는 것은 우리의 삶을 긍정적으로 변화시키는 첫 걸음이다.

4. 자식에게 끊임없는 동기 부여를 해 주어라

　부모는 자식의 인생에서 중요한 역할을 하며, 자식의 성장과 발전을 돕는 중요한 존재이다. 자식에게 동기 부여를 제공하는 것은 부모로서의 중요한 책임 중 하나이다. 동기 부여는 자식이 자신의 잠재력을 최대한 발휘하고, 목표를 설정하며, 이를 달성하기 위한 노력을 지속하게 하는 데 필수적인 요소이다. 동기 부여는 자식이 특정 행동을 취하도록 유도하는 내적 또는 외적 자극을 의미한다. 이는 목표를 달성하고자 하는 열망과 행동을 지속하게 하는 힘으로, 자식이 자신의 잠재력을 최대한 발휘하는 데 중요한 역할을 한다. 동기 부여는 일반적으로 내적 동기 부여와 외적 동기 부여로 나눌 수 있다. 내적 동기 부여는 자식의 내부에서 우러나오는 욕구와 열정에서 비롯되며, 외적 동기 부여는 외부의 보상이나 인정을 통해 유발된다. 자식의 행동과 성과에 중요한 영향을 미친다. 이는 목표 설정, 계획 수립, 실행, 문제 해결, 지속적인 노력 등 모든 과정에서 중요한 역할을 한다. 동기 부여가 높을수록 자식은 더 열정적으로 목표를 향해 나아가며, 어려움을 극복하고 지속적으로 노력할 수 있다. 또한 동기 부여는 학습과 자기계발을 촉진하며, 자식의 잠재력을 최대한 발휘하게 한다.

동기 부여는 자식의 성장과 발전에 필수적인 요소이다. 이는 새로운 도전을 시도하고, 실패를 극복하며, 지속적으로 자신을 개선해 나가는 동력을 제공한다. 동기 부여가 없으면 자식은 쉽게 포기하고, 변화와 발전을 두려워할 수 있다. 반면, 강한 동기 부여는 자식이 자신의 한계를 넘어설 수 있도록 도와주며, 지속적인 학습과 성장을 가능하게 한다. 자식이 목표를 설정하고 이를 달성하는 데 중요한 역할을 한다. 명확한 목표와 강한 동기 부여가 있으면 자식은 목표를 달성하기 위한 계획을 세우고, 필요한 행동을 취하며, 장애물을 극복할 수 있다. 이는 자식의 성공뿐만 아니라 자아실현에도 긍정적인 영향을 미친다. 동기 부여가 된 자식은 높은 생산성과 창의성을 발휘하며, 자신의 목표를 달성하는 데 필요한 노력을 지속한다.

교육 현장에서 동기 부여는 자식의 학습 효과와 성취도에 중요한 영향을 미친다. 동기 부여가 된 자식은 학습에 적극적으로 참여하고, 학습 목표를 달성하기 위해 노력한다. 이는 자식의 학업 성취도를 높이고, 지속적인 학습 동기를 부여한다. 또한 동기 부여는 자식의 자기 주도적 학습을 촉진하며, 평생 학습자로 성장할 수 있도록 도와준다. 내적 동기 부여는 자식의 내부에서 비롯되는 욕구와 열정에서 나온다. 이는 자식의 흥미와 관심, 가치와 목표에 기반한 동기이다. 내적 동기 부여는 장기적으로 지속되며, 자식의 자아 실현과 깊은 만족감을 가져온다. 예를 들어 자식이 자신이 좋아하는 분야에서 성취를 이루었을 때 느끼는 기쁨이 내적 동기 부여의 예이다. 외부에서 제공되는 보상이나 인정을 통해 유발된다. 이는 금전적 보상, 상장, 사회적 인정 등과 같은 외부 요인에 의해 동기 부여가 이루어짐을 말한다. 외적 동기 부여는 단기적인 성과를 내는 데 효과적일 수 있지만, 내적 동기 부여에 비해 지속성이 떨어질 수 있다. 따라서 외적 동기 부여와 내적 동기 부여를 적절히 조화시키는 것이 중요하다.

　명확한 목표를 설정하는 것은 자식에게 동기 부여를 제공하는 첫 번째 단계이다. 목표는 구체적이고 현실적이어야 하며, 측정 가능하고, 시간 제한이 있어야 한다. 명확한 목표는 자식이 무엇을 이루어야 하는지 분명하게 인식하게 하며, 목표 달성을 위한 동기를 부여한다. 또한 목표 달성 후의 보상을 미리 계획하여 자식의 동기 부여를 지속적으로 유지할 수 있다. 긍정적인 사고는 자식에게 동기 부여를 유지하는 데 중요한 역할을 한다. 긍정적인 마인드는 도전적인 상황에서도 희망과 용기를 주며, 실패를 극복하고 다시 시도할 수 있게 한다. 또한 자기 효능감, 즉 자식이 목표를 달성할 수 있다는 믿음도 동기 부여를 높이는 데 중요한 요소이다. 자식에게 자신에 대한 긍정적인 신념을 심어 주는 것은 더 큰 도전과 성취를 가능하게 한다. 적절한 보상과 인정은 자식에게 동기 부여를 제공하는 데 효과적이다. 금전적 보상뿐만 아니라 칭찬과 인정을 통해 자식의 노력을 인정하고 격려하는 것이 중요하다. 이는 자식이 자신의 성과를 인정받고 있다는 느낌을 주어 더 높은 동기 부여를 유도한다. 또한 보상과 인정은 동기 부여의 외적 원천으로 작용하여 목표 달성을 위한 지속적인 노력을 가능하게 한다. 지속적인 학습과 발전은 자식에게 동기 부여를 유지하는 데 중요한 요소이다. 새로운 지식을 습득하고, 자신의 능력을 향상시키는 것은 자식의 자기 효능감을 높이고, 새로운 목표를 설정하는 데 도움을 준다. 또한, 끊임없이 배우고 성장하는 과정에서 얻는 만족감은 내적 동기 부여를 강화시킨다. 따라서 자식에게 평생 학습의 자세를 유지하도록 격려하는 것이 중요하다. 자식에게 동기 부여를 제공하기 위해서는 자식의 참여와 자율성을 보장하는 것이 중요하다. 자식이 의사 결정 과정에 참여하고, 자신의 목표와 계획을 스스로 설정하게 하며, 자신의 행동에 대한 책임감을 가지게 하는 것이 중요하다. 이는 자식이 중요한 역할을 하고 있다는 느낌을 받게 하며, 동기 부여를 높이는 데 기여한다.

자식의 비전과 목표를 명확히 하고, 이를 자식과 공유하는 것도 중요한 동기 부여 전략이다. 자식의 비전과 목표가 분명할수록 자식은 자신의 역할과 목표를 명확히 인식하게 되며, 이를 달성하기 위한 동기 부여를 가지게 된다. 또한 목표 달성을 위한 구체적인 계획과 진행 상황을 자식과 공유하는 것이 중요하다. 정기적인 피드백과 격려는 자식의 동기 부여를 높이는 데 중요한 역할을 한다. 피드백은 자식이 자신의 성과를 객관적으로 평가하고 개선할 수 있는 기회를 제공한다. 또한 격려를 통해 자식의 능력을 개발하고, 목표 달성을 위한 방향을 제시하는 것이 중요하다. 이는 자식이 자신의 발전을 실감하고, 더 높은 동기 부여를 가지게 한다. 긍정적인 가정 환경을 조성하는 것도 자식의 동기 부여를 높이는 데 중요한 요소이다. 부모와 자식 간의 긍정적인 관계는 자식의 동기 부여를 높이고, 삶의 만족도를 향상시키는 데 기여한다. 자식의 성과를 인정하고, 자식이 자신의 목표를 달성할 수 있도록 지속적으로 지원하는 것이 중요하다.

5. 부모가 먼저 솔선수범하라

부모가 자식을 위해 솔선수범하는 것은 가정 내부뿐만 아니라 외부에서도 깊은 영향을 미치는 중요한 과정이다. 이는 자녀가 성숙한 인격을 형성하고 사회에 기여하는 데 있어서 결정적인 역할을 한다.

가정 내에서의 솔선수범은 자녀가 첫째로는 부모를, 그리고 주변 환경을 모델로 삼는 데 중요한 영향을 미친다. 예를 들어, 부모가 가정에서 서로를 존중하고 사랑하는 모습을 보이면 자녀도 이를 따라가게 된다. 이러한 가정 환경은 자녀가 사회에서도 타인을 존중하고 배려하는 마음가짐을 갖추게 한다. 또한, 가정 내에서 부모가 건강한 생활 습관을 보이면 자녀도 이를 따르게 되어 건강한 라이프 스타일을 유지할 수 있다.

학교나 사회 활동에서의 솔선수범 또한 중요하다. 부모가 학교에서 자녀의 학업에 관심을 가지고 지원하는 모습을 보이면 자녀는 학업에 열중하게 되어 학업 성취도가 높아지게 된다. 또한 부모가 사회적인 활동에 참여하고 나눔의 가치를 실천하는 모습을 보이면 자녀도 사회에 기여하는 삶을 살게 된다.

이러한 솔선수범은 자녀의 성장과 발달뿐만 아니라 부모 자녀 간의 신뢰와 이해를 증진시킨다. 부모가 자녀에게 좋은 모델이 되어 주면 자녀는 부모에게 더 많은 신뢰를 갖게 되고, 이는 가정 내에서의 소통과 이해를 증진시키게 된다. 또한, 부모와 자녀가 함께 노력하고 배우는 과정에서 더욱 강한 유대감을 형성할 수 있다.

결국 부모가 자녀를 위해 솔선수범하는 것은 가정 내부뿐만 아니라 외부에서도 큰 영향을 미치는 중요한 과정이다. 이는 자녀가 올바른 가치관을 형성하고 성장하는 데 있어서 핵심적인 역할을 한다. 따라서 부모는 항상 자녀가 보고 있다는 인식을 가지고 자녀를 위해 최선을 다하는 모범이 되어야 한다. 이를 통해 가정은 물론이고 사회 전반에 긍정적인 영향을 미칠 수 있다.

6. 미래를 위한 공부를 해라

　미래를 위한 자식 교육은 현대 사회에서 부모로서 가장 중요한 책임 중 하나이다. 미래를 위한 자식 교육은 단순히 학교에서의 학업 성적을 향상시키는 것뿐만 아니라 자녀가 긍정적으로 발전하고 삶의 여러 측면에서 성공적으로 성장할 수 있도록 도와주는 것을 의미한다. 이를 위해 부모는 다양한 측면에서의 교육을 고려하고 효과적인 방법을 적용해야 한다. 자녀를 미래를 위해 잘 교육하는 것은 그들의 지적, 감정적, 사회적 발달을 종합적으로 고려해야 한다. 따라서 학교 공부뿐만 아니라 예술, 스포츠, 인문학 등 다양한 분야에서의 활동을 통해 자녀의 다양한 잠재력을 개발할 필요가 있다. 이러한 다각도의 교육은 자녀가 미래에 다양한 상황에서 문제를 해결하고 창의적으로 생각하는 능력을 키우는 데 도움이 된다.

　미래는 빠르게 변화하고 있으며, 따라서 자녀를 위한 교육은 최신 기술과 직업에 대한 이해를 포함해야 한다. 부모는 자녀가 관심을 가지는 분야를 파악하고 그에 맞는 교육 및 훈련 기회를 제공해야 한다. 예를 들어 코딩, 로봇 공학, 디지털 마케팅 등의 기술을 학습할 수 있는 환경을 조성하고, 현업에서 요구되는 기술을 익힐 수 있는 프로그램에 참여할 수 있도록 지원해야 한다. 미래를 대비하는 데 있어서 가장 중요한 요소 중 하나는 긍정적인 마인드셋을 갖는 것이다. 부모는 자녀에게 실패를 두려워하지 않고 도전하는 것의 중요성을 가르쳐야 한다. 또한 자녀가 실패를 경험할 때 이를 긍정적으로 받아들이고 배우는 기회로 삼을 수 있는 방법을 알려 줘야 한다. 이러한 긍정적인 마인드셋은 자녀가 미래의 도전과 어려움을 극복하는 데 큰 자신감을 줄 것이다.

미래는 글로벌화되고 다문화적인 사회로 향하고 있다. 따라서 자녀를 위한 교육은 글로벌 시각과 다문화 교육을 강조해야 한다. 부모는 자녀에게 다양한 문화와 관행을 존중하고 이해하는 방법을 가르쳐야 한다. 또한 자녀가 다른 언어를 배우고 다양한 문화 체험을 할 수 있는 기회를 제공해야 한다. 이를 통해 자녀는 미래의 글로벌 시장에서 경쟁력을 갖출 수 있을 것이다. 미래를 위한 자식 교육은 도덕적 가치와 시민의식을 함께 강조해야 한다. 부모는 자녀에게 정직, 책임감, 배려 등의 도덕적 가치를 가르치고, 사회적 책임과 공익에 대한 중요성을 강조해야 한다. 또한 자녀가 사회적 이슈에 관심을 가지고 참여할 수 있는 기회를 제공하여 시민의식을 함양해야 한다. 이러한 교육은 자녀가 미래의 리더로서 사회에 긍정적인 영향을 미치는 데 도움이 될 것이다. 미래를 위한 자식 교육은 자녀의 종합적인 발달과 성공적인 미래를 위해 다양한 측면에서 고려되어야 한다. 부모는 자녀가 학문적, 기술적, 사회적으로 발전할 수 있는 환경을 조성하고, 긍정적인 마인드셋과 글로벌 시각을 갖출 수 있도록 도와야 한다. 또한 도덕적 가치와 시민의식을 함양하여 자녀가 미래의 리더로서 사회에 기여하는 데 필요한 역량을 갖출 수 있도록 지원해야 한다. 이러한 노력은 자녀가 미래에 행복하고 성공적으로 살아갈 수 있는 기반을 마련하는 데 중요한 역할을 할 것이다.

7. 아이에게 자연을 통해서 느낄 수 있는 경험을 제공하라

아이에게 자연을 통해서 느낄 수 있는 경험을 제공하는 것은 그들의 성장과 발달에 매우 중요한 역할을 한다. 자연은 아이들에게 무한한 탐구와 발견의 기회를 제공하며, 그들의 호기심과 지적 호기심을 자극한다. 또한 자연은 아이들에게 조화롭고 안정감 있는 환경을 제공하여 정서적인 안정감을 유지하고 창의성과 상상력을 향상시킨다. 이를 위해 부모는 다양한 자연 경험을 아이들에게 제공하여 그들의 성장과 발달을 도모해야 한다. 아이들에게 자연을 통한 탐구와 발견의 기회를 제공하는 것은 매우 중요하다. 부모는 아이들과 함께 산책을 하거나 자연 보호 구역을 방문하여 다양한 식물과 동물을 관찰하고 탐험할 수 있는 기회를 제공해야 한다. 이를 통해 아이들은 자연의 다양성을 경험하고 자연에 대한 호기심을 키울 수 있다. 또한 자연 속에서 다양한 현상을 관찰하고 이해함으로써 과학적 사고력을 향상시킬 수 있다. 아이들에게 자연과의 상호 작용을 통한 경험을 제공하는 것도 중요하다. 부모는 아이들과 함께 캠핑을 하거나 등산을 하며 자연 속에서 즐거운 시간을 보낼 수 있는 기회를 제공해야 한다. 또한 아이들에게 자연에서 생활하는 동물들과의 상호 작용을 통해 동물에 대한 이해와 존중을 배울 수 있도록 도와야 한다. 이를 통해 아이들은 자연과의 조화로운 관계를 형성하고 자연을 존중하는 태도를 가질 수 있다. 자연은 아이들에게 무한한 창의적인 활동과 놀이의 장소를 제공한다. 부모는 아이들에게 나뭇잎이나 돌, 나뭇가지 등을 사용하여 창의적인 예술 작품을 만들거나 자연 속에서 숨어 있는 보물을 찾는 트레저 헌팅 게임을 진행하는 등의 활동을 제공할 수 있다. 이를 통해 아이들은 상상력과 문제 해결 능력을 향상시키고 자신감을 키울 수 있다. 또한 아이들에게 정서적인 안정감과 치유의 효과를 제공한다. 부모는 아이들과 함께 자연 속에서 명상을 하거나 힐링 워크를 하며 자연의 소리와 향기를 느끼는 등의 활동을 통해 아이들의 정서적인 안정감을 증진시킬 수 있다. 또한 자연 속에서의 활동은 스트레스를 감소시키고 전체적인 웰빙을 증진시킨다. 자연을 경험하는 것은 환경 보호에 대한 중요성을 이해하고 환경을 존중하는 태도를 기를 수 있는 기회를 제공한다. 부모는 아이들에게 쓰레기를 줍거나 자연을 보호하는 활동에 참여할 수 있는 기회를 제공하여 환경 보호에 대한 의식을 함양할 수 있도록 도와야 한다. 이를 통해 아이들은 미래에 지속 가능한 환경을 위해 행동하는 시민으로 성장할 수 있다. 자연을 통해서 아이들에게 제공되는 경험은 그들의 성장과 발달에 매우 중요한 영향을 미친다. 부모는 아이들에게 다양한 자연 경험을 제공하여 그들의 호기심과 탐구심을 자극하고, 창의성과 상상력을 향상시키며, 정서적인 안정감을 증진시키고, 환경 보호에 대한 의식을 함양할 수 있도록 도와야 한다. 이를 통해 아이들은 미래에 지속 가능한 환경에서 행복하고 건강하게 성장할 수 있는 기반이 마련될 것이다.

8. 성공의 사례를 보여 주어라

성공의 사례를 체험할 수 있는 것은 개인의 성장과 발전에 매우 중요한 역할을 한다. 성공은 개인이 자신의 능력과 노력을 통해 달성한 결과로, 이를 통해 다른 사람들은 동기 부여를 받고 성공을 위한 노력을 하게 된다. 성공의 사례를 체험할 수 있는 것은 다양한 형태로 나타날 수 있으며, 이를 통해 사람들은 성공의 원리를 배우고 자신의 목표를 이루기 위한 노력을 기울일 수 있다. 이를 위해 다양한 방법으로 성공의 사례를 체험할 수 있는 기회를 제공하는 것이 중요하다. 역사적인 성공 사례는 인류의 역사와 문화에서 중요한 역할을 한 사람들의 성취와 경험을 학습하는 것을 의미한다. 이는 대통령, 과학자, 예술가, 사업가 등 다양한 분야에서의 성공 사례를 포함한다. 부모나 교사는 아이들에게 역사적인 성공 사례를 소개하고, 그들의 이야기를 통해 성공을 위한 노력과 희생의 중요성을 강조할 수 있다. 예를 들어, 알베르트 아인슈타인이 상대성 이론을 발견하거나 마리 앙투아네트가 혁명을 일으킨 프랑스에서 살아남는 이야기 등을 통해 아이들은 성공을 위한 열정과 인내심의 중요성을 배울 수 있다. 성공한 사람들의 이야기와 강연은 실제 성공한 사람들이 자신의 경험과 교훈을 공유하는 것을 의미한다. 부모나 교사는 아이들에게 성공한 사람들의 이야기를 들려주거나 관련된 강연을 청취하도록 유도할 수 있다.

이를 통해 아이들은 실제 성공한 사람들의 경험을 통해 성공의 원리를 배우고, 자신의 목표를 달성하기 위한 노력을 기울일 수 있다. 예를 들어, 스티브 잡스나 일론 머스크와 같은 기업가들의 성공 이야기를 듣고 그들의 열정과 결단력을 배울 수 있다. 성공적인 활동 및 프로젝트에 참여하는 것은 실제로 성공을 경험하는 기회를 제공하는 것이다. 부모나 교사는 아이들에게 다양한 활동과 프로젝트에 참여할 수 있는 기회를 제공하여 성취감과 성공 경험을 누릴 수 있도록 도와야 한다. 이를 통해 아이들은 자신의 능력을 발휘하고 성과를 얻음으로써 성공을 경험하게 되며, 이는 자신감과 동기 부여를 키우는 데 도움이 된다. 예를 들어, 학교나 지역 사회에서의 공모전이나 봉사 활동에 참여하거나 자신만의 프로젝트를 기획하여 실행하는 등의 활동을 통해 아이들은 성공을 경험하고 배울 수 있다. 성공적인 사람들을 모방하는 것은 자신의 목표를 달성하기 위한 중요한 전략이다. 부모나 교사는 아이들에게 성공적인 사람들을 모방하고 그들의 행동과 습관을 배우는 것의 중요성을 가르칠 수 있다. 이를 통해 아이들은 성공적인 사람들의 모습을 따라가며 자신의 노력과 행동을 조정하고 성공을 이루기 위한 방법을 배울 수 있다. 예를 들어, 성공한 사람들의 책을 읽거나 인터뷰를 시청하며 그들의 생각과 행동을 배우는 등의 방법을 통해 아이들은 성공을 위한 전략을 습득할 수 있다.

성공의 이야기뿐만 아니라 실패와 극복의 이야기도 중요한 교훈을 제공한다. 부모나 교사는 아이들에게 성공적인 사람들의 이야기뿐만 아니라 실패와 극복의 이야기도 함께 전달하여 성공은 쉽게 찾아오지 않지만 그것을 극복하고 이뤄 낼 수 있다는 희망을 전해야 한다. 이를 통해 아이들은 실패와 어려움을 극복하고 성공을 이루는 과정을 이해하고, 어려움을 극복하며 성장할 수 있는 능력을 기를 수 있다. 성공과 실패의 이야기를 통해 아이들은 성공은 노력과 인내를 통해 이루어지며, 실패는 성장과 배움의 기회로 삼을 수 있다는 것을 배울 수 있다. 예를 들어, 토머스 에디슨은 수백 번의 실패 끝에 전구를 발명했으며, 알버트 아인슈타인은 어릴 때부터 실패를 거듭하며 성공을 이루었다는 이야기 등을 통해 아이들은 노력과 인내가 성공으로 이끄는 길임을 이해하게 된다. 성공의 사례를 체험하는 것은 개인의 성장과 발전에 매우 중요한 요소이다. 성공은 개인의 노력과 인내 그리고 지혜와 결단력을 통해 이루어지며, 이를 통해 다른 사람들은 동기 부여를 받고 자신의 목표를 향해 노력하게 된다. 부모나 교사는 역사적인 성공 사례의 학습, 성공한 사람들의 이야기와 강연 청취, 성공적인 활동 및 프로젝트 참여, 롤 모델의 모방, 실패와 극복의 이야기 등을 통해 아이들에게 성공의 원리와 중요성을 전달할 수 있다. 이를 통해 아이들은 자신의 능력을 믿고 꿈을 향해 나아가며, 노력과 인내를 통해 성공을 이루는 삶을 살아갈 수 있을 것이다.

9. 실패에 대한 두려움을 갖지 않는다

　실패에 대해 두려움을 가지지 않는 것은 용기를 발휘하고 새로운 도전에 나서는 데 중요한 요소이다. 실패는 성공을 향해 나아가는 과정에서 불가피하게 발생할 수 있는 일이며, 이를 두려워하지 않고 긍정적으로 받아들이는 것은 성장과 발전을 이루는 데 필수적이다. 실패를 두려워하지 않는 것은 자신에 대한 신뢰와 자신감을 키우는 것을 의미하며, 이는 새로운 가능성을 탐색하고 더 나은 결과를 이루는 데 도움이 된다. 실패를 두려워하지 않는 것은 실패를 성장의 기회로 바라보는 것을 의미한다. 실패는 우리에게 무엇이 잘못되었는지를 알려 주는 소중한 교훈이며, 이를 통해 우리는 자신의 약점을 극복하고 더 나은 결과를 이룰 수 있다. 실패를 피할 수 없지만 실패를 통해 배우고 성장(成長)할 수 있다는 것을 이해하는 것이 중요하다. 그렇기 때문에 실패를 두려워하지 않고 적극적으로 받아들여야 한다. 많은 성공한 사람들은 과거에 여러 번의 실패를 겪었던 경험이 있다. 실패는 성공의 전제 조건이며, 성공을 향해 나아가는 과정에서 반드시 겪어야 하는 단계이다. 그들은 실패를 겪으면서 더 나은 방향을 찾고, 더 강한 의지를 갖게 되었으며, 결국에는 성공을 이루었다. 그렇기 때문에 실패를 두려워하지 않고 실패를 통해 더 나은 결과를 이루기 위해 노력해야 한다.

실패는 종종 새로운 가능성을 열어 준다. 실패를 통해 우리는 이전에 생각하지 못했던 해결책을 발견하거나 새로운 아이디어를 도출할 수 있다. 실패를 두려워하지 않고 실패를 통해 새로운 가능성을 찾아 나서는 것은 성공으로 이끄는 길을 찾는 데 큰 도움이 된다. 그렇기 때문에 실패를 겪었을 때 두려움에 사로잡히는 것이 아니라, 새로운 가능성을 찾아 나서는 것이 중요하다.

실패를 통해 우리는 더 나은 자아를 발견할 수 있다. 실패는 우리에게 자신의 한계를 깨닫게 해 주며, 더 나은 방향으로 나아가는 계기가 될 수 있다. 실패를 겪으면서 우리는 자신에 대한 인사이트를 얻고, 더 나은 방향으로 나아가는 방법을 찾을 수 있다. 그렇기 때문에 실패를 두려워하지 않고 실패를 통해 더 나은 자아를 발견하는 과정을 경험해야 한다.

많은 사람들은 실패를 겪은 후에 더 큰 성공을 이루었다. 실패는 성공의 준비 과정이며, 실패를 겪으면서 우리는 더 강한 의지와 결의를 갖게 되며, 결국에는 더 큰 성공을 이룰 수 있다. 그렇기 때문에 실패를 두려워하지 않고 실패를 통해 성공을 향해 나아가야 한다.

실패를 두려워하지 않는 것은 용기를 발휘하고 새로운 도전에 나서는 데 필수적이다. 실패는 성장의 기회이며, 성공을 향해 나아가는 과정에서 불가피하게 발생할 수 있는 일이다. 실패를 겪으면서 우리는 더 나은 방향을 찾고, 더 나은 결과를 이룰 수 있으며, 결국에는 더 큰 성공을 이룰 수 있다. 따라서 실패를 두려워하지 않고 긍정적으로 받아들이는 것이 중요하며, 실패를 통해 성장하고 발전하는 길을 찾아 나서야 한다.

10. 단순함이 최고 솔루션이다

    단순함은 종종 과소평가되고 무시되는 경향이 있다. 우리는 복잡한 문제에 직면할 때마다 그 해결책을 복잡하고 정교한 것으로 찾으려 한다. 그러나 때로는 가장 효과적인 해결책은 바로 눈앞에 있는, 단순한 접근 방법일 수 있다. 이 글에서는 '단순함에 해법을 찾아라'라는 주제에 대해 탐구하고자 한다. 우리가 단순함을 언급할 때, 이는 곧 복잡성이나 과도한 요소 없이 직접적이고 명확한 방법을 의미한다. 단순함은 문제를 해결하는 과정을 단순화하고, 복잡한 구성 요소를 제거하여 목표를 달성하는 데 집중할 수 있도록 해 준다. 이는 다양한 분야에서 적용되며, 비즈니스 전략부터 개인적인 문제까지 다양한 상황에서 효과를 발휘한다. 기업이 복잡한 문제에 직면할 때 대부분은 그것을 해결하기 위해 더 많은 자원과 복잡한 전략을 동원하려 한다. 그러나 때로는 이러한 접근 방식은 문제를 더욱 악화시키거나 효율성을 저하시킬 수 있다. 대신, 간결하고 직관적인 방법으로 접근하면 문제를 해결하는 데 더 빠르고 효과적일 수 있다. 예를 들어, 제품이나 서비스를 개발할 때 단순한 디자인과 사용자 경험을 제공하는 것이 종종 성공의 핵심이다. 이는 사용자들이 제품을 이해하고 사용하기 쉽게 만들어 주며, 결과적으로 시장에서 경쟁 우위를 선점할 수 있다. 또한 단순함은 창의성과 혁신을 뒷받침한다. 복잡한 아이디어나 방법은 종종 실행에 어려움을 겪을 수 있다. 그러나 단순한 아이디어는 보다 쉽게 이해되고 구현될 수 있다. 이는 새로운 제품이나 서비스를 개발하거나, 문제를 해결하는 과정에서 중요한 역할을 한다. 예를 들어, 스티브 잡스의 애플 제품 디자인 철학은 간결함과 단순함에 집중하여 사용자들에게 혁신적인 경험을 제공했다.

개인적인 측면에서도 단순함은 중요하다. 우리의 삶은 종종 복잡하고 바쁜 일상에 둘러싸여 있다. 이러한 상황에서 간단하고 명료한 방법을 택하면 스트레스를 줄이고 더 나은 삶의 질을 누릴 수 있다. 예를 들어, 건강한 생활 습관을 유지하기 위해서는 복잡한 다이어트나 운동 계획을 세우기보다는 규칙적인 운동과 균형 잡힌 식사를 통해 단순한 방법으로 건강을 유지할 수 있다. 또한 단순한 삶의 방식은 우리에게 더 많은 만족감과 평온을 줄 수 있다. 물질적인 소유나 경력의 쌓임보다는 가족과 친구, 취미와 관심사에 더 많은 시간을 투자하는 것이 행복과 만족을 얻는 데 더 도움이 될 수 있다. 단순한 삶은 더 나은 사회적 연결성과 감사함을 불러일으킬 수 있다. 그러나 단순함을 추구하는 것은 쉽지 않을 수 있다. 현대 사회는 복잡성과 속도에 주목하고 있으며, 때로는 단순한 것을 놓치기 쉽다. 따라서 우리는 의도적으로 단순함을 찾고 유지하는 데 노력해야 한다. 이를 통해 더 나은 결정을 내리고 보다 만족스러운 삶을 살 수 있을 것이다. 단순함은 우리가 직면한 문제를 해결하고 더 나은 삶을 살기 위한 강력한 도구이다. 자녀 교육에서 개인적인 삶의 방식까지, 우리는 단순한 접근 방법을 통해 더 나은 결과를 얻을 수 있다. 따라서 우리는 복잡성에 빠져들지 않고 단순함을 추구하는 데 주의를 기울여야 한다.

맺음말

이제는 정년을 앞두고 있다. 삶을 뒤돌아보는 시간이기도 하다. 자식을 키우고 직장 생활을 하면서 느꼈던 자취를 남기고 싶었다. 그것은 또 다른 실패의 반복을 하지 않기 위해서이다. 시간이 지나서 과거를 통해서 미래를 정확이 예측을 할 수는 없지만, 근본적으로 바뀌지 않는 원칙이 있다. 이 원칙은 삶에 큰 동력이고, 다시 태어난다면 이 원칙을 지키면서 살아갈 것 같다. 미래는 창의적인 사람을 원하고 있다. 그러나 내 자식은, 내 손주는 어떤 식으로 미래의 사회에 잘 적응하고 클 수 있을지 고민을 하고 있다. 세상은 기술을 통해서 바뀌고 있지만 우리가 정말로 원하는 인간적인 그 무엇을 생각하게 한다. 나 누구이고 어디서 왔는지에 대한 정체성에 대한 질문을 하고는 한다. 답은 없지만 그 질문을 통해서 우리는 성장을 한다. 그 성장은 타인과의 비교가 아닌 내면의 나 자신과 비교이며, 어제의 나와 싸움이다.

젊은 시절에 미국 출장에서 배운 미국 가정에서 자녀 교육법에서 애들을 키우는 방향타를 귀국 길에서 생각하고 행동을 했으나, 미래의 교육은 어떤 식으로 해야 할지 고민이 된다. 시간이 흘렀고 사회도 많이 바뀌었다. 시간의 변화도 너무 빠르다. 예전에는 인프라에 대한 고민을 했다면 이제는 창의성을 위한 다양성에 집중을 해야 할 것 같다. 미래의 직업은 인공지능이나 로봇에서 일자리를 잃어버릴 위기에

처해 있다. 향후 100년 뒤의 세상에서 살아남기 위해 자신의 색깔을 찾아야 한다. 그것은 과거에 답이 아니라 현재에서 찾아야 한다. 왜냐하면 세상이 너무 빠르게 진화하고 있기 때문이다.

우리 자녀들에게도 자신의 경쟁력이 있는 콘텐츠를 가져야 한다고 말하고 있다. 한국 고유의 문화에 대한 경쟁력은 이미 세상에서 입증이 되고 있다. BTS, K-POP 등에서 이것이 말하고 있다. 우리 문화에 기반이 된 세계화가 가야 할 방향이다. 이를 위한 아이들의 개성과 우리의 문화를 잘 융합하는 교육이 집안에서부터 학교 사회로 이어지는 것이 끈이 무엇보다도 중요하다. 미래를 예측하고 변화에 잘 적응하기 위한 기초 체력이라고 할 수 있는 관찰력과 그것을 이루려는 지속성을 어렸을 때부터 습관으로 키워야 한다. 미래의 세대는 100세, 아니, 150세의 시대가 될지 모른다. 이에 적응하기 위한 끊임없는 노력과 실패에 좌절하지 않는 마음의 간격을 가져야 한다.

시간은 사람을 기다려 주지 않는다. 위대한 선인의 공통점은 늘 책을 가까이하면서 자신의 역량을 키우는 데 게을리하지 않았다는 것이다. 미래의 세대에게도 어렸을 때부터 늘 책을 가까이하는 습관과 하루에 몇 분이라도 생각을 하는 습관이 생긴다면 미래에 커다란 경쟁력이 될 것이다. 잠깐의 사색은 새로운 생각의 끈으로 자신의 그릇에 채우고 성장하게 한다. 미래의 세상은 확실한 것은 없다. 그러나 이러한 작은 습관의 변화가 다가오는 세상에 자신만의 불안감을 없애고 자신감을 가지는 계기가 될 것이다.